¡Bienvenidos a Japón!

Nueva edición

JN086990

Makiko Sho

Kyoko Fukuchi

Fernando Kohatsu

Patricia Matayoshi

Lilia Ota de Uechi

Editorial ASAHI

PAÍSES
HISPANOHABLANTES

ISLAS CANARIAS

La Palma

Tenerife
• Sta.Cruz de Tenerife

Lanzarote

Gomera
▲ Teide

Las Palmas de
Gran Canaria

Fuerteventura

Hierro

Gran Canaria

ESPAÑA

Mar Cantábrico

FRANCIA

La Coruña
Gijón
Santander
Guernica
San Sebastián
Santiago
de Compostela • Lugo
Oviedo
Bilbao

ASTURIAS
CANTABRIA
PAÍS VASCO

ANDORRA

C.Finisterre
GALICIA
Pamplona
Vitoria
NAVARRA
Jaca

León
Logroño
LA RIOJA
Huesca
Figueras
Gerona

Pontevedra
Burgos

Vigo
Orense
Astorga
Palencia

Miño
CASTILLA-LEÓN
Zaragoza
CATALUÑA
Lérida
Costa Brava

Zamora
Soria

Oporto
Valladolid
Duero
Ebro
Tarragona
Barcelona

Douro
Medina del Campo
ARAGÓN
Tortosa

Salamanca
Segovia

Coimbra
Ávila
Guadalajara
Teruel

Castellón de la Plana
Menorca

PORTUGAL
MADRID
Alcalá de Henares
Mallorca

Madrid
Palma

Talavera de la Reina
Aranjuez
Cuenca
VALENCIA

Tejo
Toledo
Valencia

C.da Roca
Tajo
CASTILLA-LA MANCHA
Júcar
Ibiza
ISLAS BALEARES

Lisboa
Cáceres
Formentera

EXTREMADURA
Alcázar de San Juan
Albacete

Mérida
Ciudad Real

Évora
Guadiana
Segura

Alicante
Elche
Costa Blanca

Murcia

Guadalquivir
Córdoba
MURCIA
Mar Mediterráneo

Jaén
Cartagena

Huelva
ANDALUCÍA

Sevilla
Granada

Málaga
Mulhacén ▲
Almería

Cádiz
Costa del Sol

Algeciras • Gibraltar
Estrecho de Gibraltar →
Ceuta

Océano Atlántico

Melilla

ARGELIA

MARRUECOS

Tijuana
Mexicali
EST

P. de la Baja California
Ciudad Juárez

Chihuahua

Río Grande

M

MÉ

Guadalajara
Ci
de

Po

Acapulco

HISPANOAMÉRICA

Mississippi

Nueva Orleans
(New Orleans)

Golfo de México

Miami

BAHAMAS

Is. Bahamas

La Habana

Mérida

CUBA

PUERTO
RICO

P. de Yucatán

Santiago de Cuba

San Juan

BELIZE

HAITÍ

Santo Domingo

GUATEMALA

JAMAICA

REPÚBLICA
DOMINICANA

HONDURAS

Guatemala

Tegucigalpa

Mar Caribe

San Salvador

NICARAGUA

Lago de Maracaibo

Antillas Menores

EL SALVADOR

Managua

Maracaibo

TRINIDAD Y
TOBAGO

Cartagena

San José

Caracas

Puerto España
(Port of Spain)

COSTA RICA

Panamá

VENEZUELA

Ciudad
Bolívar

PANAMÁ

Medellín

LLANOS

Orinoco

GUYANA

GAUYANA FRANCESA

Buenaventura

Bogotá

SURINAM

COLOMBIA

Magdalena

Manaus

Amazonas

Belém

ECUADOR

Quito

Cotopaxi

Fortaleza

Arch. de Colón
(Is. Galápagos)

Chimborazo

Guayaquil

Chiclayo

Cajamarca

Trujillo

CORDILLERA

Recife

San Francisco

BRASIL

Callao

Lima

PERÚ

Salvador

Cuzco

BOLIVIA

Brasilia

DE

L. Titicaca

Arequipa

Cochabamba

Belo Horizonte

La Paz

Santa Cruz
de la Sierra

EL ALTIPLANO

Sucre

Potosí

Paraguay

Paraná

Antofagasta

São Paulo

LOS

PARAGUAY

Río de Janeiro

Salta

Curitiba

Santos

CHILE

Asunción

San Miguel
de Tucumán

Paraná

Porto Alegre

ANDES

Santa Fe

Uruguay

Córdoba

Paraná

Aconcagua

URUGUAY

Valparaíso

San Juan

Rosario

Santiago

Mendoza

Buenos Aires

Montevideo

La Plata

Concepción

ARGENTINA

Río de la Plata

Colorado

Mar del Plata

Negro

Temuco

Puerto Montt

PATAGONIA

Comodoro Rivadavia

Is. Malvinas
(Falkland)

Punta Arenas

Estrecho de Magallanes

Tierra del Fuego

Is. Georgias del Sur

Ushuaia

C. de Hornos

Océano Pacífico

Océano Atlántico

音声 & e ラーニング教材 URL

http://text.asahipress.com/free/spanish/bienvenidosajapon/index.html

実践・復習イラスト － 大城セバスティアン
会話イラスト － ㈱KEN
e ラーニングイラスト － AIMI
e ラーニング協力 － 小波津豪
装丁 － 森田幸子
写真提供 － ㈶高知県観光コンベンション協会、スペイン政府観光局、㈳静岡県観光協会、
㈶群馬県観光物産国際協会『ビジュアルぐんま』、㈳弘前観光コンベンション
協会、㈶福岡観光コンベンションビューロー、池田雅江、イダルゴ・ミドリ、
大城セバスティアン、福地恭子、又吉パトリシア、http://www.ashinari.com/
効果音提供 － http://taira-komori.jpn.org/、http://minpoke.dee.cc/、http://soundjet.fc2web.com/

● はじめに ●

　本書は 2013 年に出版された『ディエゴと日本再発見！』の改訂版です。改訂にあたり、練習問題や語彙集を見直しました。またスマートフォンから気軽にアクセスできる e ラーニング教材も用意しました（PC・タブレットにも対応）。テキストの予習・復習にお役立てください。

　異文化間の交流では、積極的にコミュニケーションを図り、友好的な関係を築きながら、基礎的な知識や技能を養うことが大切です。そのためには、まず自国の文化を正確に知る必要があります。本書は、初級スペイン語のテキストで、日本また海外で、日本の文化や言葉をスペイン語で紹介する時に役立てられるように作成されています。「日本」をメインテーマにしているため、語彙や話題などは日本に関連したものが中心になっています。

　各課は以下の 4 つの部分からなり、全 4 ページで構成されています。
*Gramática（文法）
　　・会話で使用される重要な文法項目を、体系的に整理しました。
*Diálogo（会話）
　　・日本の大学に留学生として来た日系アルゼンチン人のディエゴが、日本の友人を通して歴史、文化、社会などに触れていく様子が描かれています。また、本書でディエゴが旅をする 2 つの町は、中南米からのニューカマーが集まり多文化共生が進んでいる町でもあります。発展学習として、他にはどの都道府県にそのような場所があるのかを調べてみるのもよいでしょう。
*Ejercicios（練習問題）
　　・会話で使用された文法や表現に関する練習問題を多く解くことによって、理解及び定着を促進させます。
　　・頁下には、日本文化や日本語を客観的に見つめ直すために、スペイン語と日本語の共通点や相違点などを取り上げたコラム「Un poquito más」、日本の世界遺産をスペイン語で紹介する「Patrimonios de la Humanidad」を設けました。
*Práctica（実践）
　　・イラストが豊富に使用されたアクティビティを通して、コミュニケーション能力を養います。楽しみながらスペイン語を学びましょう。

　その他、Repaso（復習）では、自分の住んでいる町や出身地の紹介、日本の季節・行事・著名人などをスペイン語で表現できるように工夫しました。巻末の付録には本書の登場人物たちが食べたり作ったりするレシピ、スペイン語圏と日本の年末年始を扱ったコーナー、日本料理を易しいスペイン語で紹介する「Dilo en español」もあります。また、文法補足、動詞の活用表、語彙集を付けましたので、大いに利用してスペイン語の学習に役立ててください。

　なお、本書執筆の過程で貴重なご助言をいただきました先生方、協力してくれた学生、また、今回の企画を快く引き受けてくださった朝日出版社の山田敏之さん、細部にわたり親身になって出版まで導いて下さった山中亮子さんにも大変お世話になりました。心から深謝いたします。

　本書を通して学んだことが「使える」スペイン語となり、さまざまな人々とのコミュニケーションが深まることを望みます。更に日本からスペイン語が世界への架け橋として、国際交流の礎となることを願っています。

2019 年　盛夏

著　者

目次

主な登場人物 1

Introducción 2
　❶ 教室で使うあいさつ　❷ スペイン語圏の国々（地図）　❸ アルファベット
　❹ 母音　❺ 子音

Lección 1　¡Hola!　¡やあ! 6
　文法：❶ 注意が必要なつづりと発音　❷ アクセント　❸ 疑問文と否定文　❹ あいさつ
　コラム① 「こんにちは」それとも「こんにちわ」?

Lección 2　La cuenta, por favor.　お勘定をお願いします。 10
　文法：❶ 名詞の性　❷ 名詞の数　❸ 冠詞　❹ hay+名詞
　日本の世界遺産① 龍安寺

Lección 3　Yo soy Diego.　僕はディエゴです。 14
　文法：❶ 主格人称代名詞　❷ ser の現在形　❸ 形容詞　❹ 接続詞
　コラム② 身近にあるスペイン語

Lección 4　¿Hay algún banco por aquí?
　　　　　　この辺りに銀行はありますか？ 18
　文法：❶ estar の現在形　❷ ser＋形容詞と estar＋形容詞の使い分け
　　　　 ❸ estar と hay の使い分け　❹ 不定語と否定語
　日本の世界遺産② 知床国立公園

Lección 5　Estudio español para viajar.
　　　　　　旅行するためにスペイン語を勉強します。 22
　文法：❶ -ar, -er, -ir 動詞の現在形　❷ 前置詞　❸ 所有形容詞
　コラム③ 数の数え方

Lección 6　¿Qué tiempo hace allí?　あちらはどんな天気ですか？ 26
　文法：❶ 時刻の表し方　❷ 感嘆文　❸ 天候表現　❹ 目的格人称代名詞（に格/を格）
　日本の世界遺産③ 小笠原諸島

Lección 7　¿Te gusta la comida japonesa?
　　　　　　日本の料理は好きですか？ 30
　文法：❶ gustar 型動詞　❷ 比較級　❸ 最上級　❹ 不定詞を用いた命令
　コラム④ ハポニョール

復習1　❶日本の四季　❷出身地の紹介　❸自己紹介 34

Lección 8　Tengo hambre.　お腹が空いています。 36
　文法：❶語根母音変化動詞の現在形 (querer, poder, pedir)
　　　　 ❷一人称単数の語尾が -go の動詞の現在形 (tener)
　日本の世界遺産④ 法隆寺

❋ **Lección 9**   **Vamos a visitar un templo famoso.**
有名な寺を見学しましょう。 ———————————————— 40
　　文法：❶ **ir** の現在形　❷ **saber** と **conocer** の現在形　❸ 関係代名詞
　　コラム⑤ 慣用句

❋ **Lección 10**   **¿A qué hora te levantas?**　何時に起きますか？ ———————— 44
　　文法：❶ 再帰動詞　❷ 形容詞の副詞化 (**-mente**)
　　日本の世界遺産⑤ 屋久島

❋ **Lección 11**   **Ya hemos empezado la fiesta de Navidad.**
すでにクリスマスパーティを始めていますよ。 —————————— 48
　　文法：❶ 現在分詞　❷ 過去分詞　❸ 絶対最上級
　　コラム⑥ オノマトペ

❋ **Lección 12**   **Me metí en las aguas termales.**　温泉に入りました。 ———— 52
　　文法：❶ 点過去　❷ 線過去　❸ 点過去と線過去
　　日本の世界遺産⑥ 原爆ドーム

❋ **Lección 13**   **Regresaré pronto a Argentina.**
間もなくアルゼンチンに帰ります。 ————————————————— 56
　　文法：❶ 未来形　❷ 過去未来形
　　コラム⑦ もしもし

❋ **Lección 14**   **¡Ven a visitarme!**　会いに来て！ —————————————— 60
　　文法：❶ 条件文　❷ 肯定命令文　❸ 否定命令文
　　日本の世界遺産⑦ 首里城

復習 II　❶ 日本の著名人・アニメの主人公　❷ 日本の行事 ———————————— 64

❋ **付録**

1 文法補足 ——————————————————————————————————— 67
　　❶ 疑問詞　❷ 指示形容詞　❸ 指示代名詞　❹ 所有形容詞 （後置形）
　　❺ 関係副詞　❻ 接続法現在　❼ 接続法過去　❽ 直説法過去完了　❾ 直説法未来完了
　　❿ 直説法過去未来完了　⓫ 接続法現在完了　⓬ 接続法過去完了

2 動詞時制の比較（日西・西日文法用語付き）————————————————— 73

3 語彙 —— 76

4 主要動詞活用表 ——————————————————————————————————— 85

5 日本料理 —————————————————————————————————————— 90

6 スペイン語圏と日本の年末年始 ————————————————————————— 91

7 料理のレシピ ——————————————————————————————————— 96
　　❶ ディエゴのチュロス　❷ ディエゴのエンパナーダス　❸ エリカのふとまき
　　❹ エリカの照り焼きチキン　❺ ゴーヤーチャンプルー （沖縄の郷土料理）
　　❻ おっきりこみ （群馬の郷土料理）

8 スペイン語圏の国旗と首都 ———————————————————————————— 102

主な登場人物

Diego

アルゼンチン日系人3世。
日本文化を学ぶために、日本の大学に留学する。

Erika

留学先の大学の日本人学生。
大学の空手サークルのマネージャー。

Kaito

留学先の大学の日本人学生。
留学生サポーターとしてDiegoの留学生活を手助けする。

2~10

① 教室で使うあいさつ

① ¡Hola!
Buenos días.
Buenas tardes.
Buenas noches.

② Hasta luego.
Hasta mañana.
Hasta la próxima semana.
Hasta pronto.
Chao. (Chau.)
Adiós.
Nos vemos.

③ ¿Cómo estás? Muy bien.
Así, así. (Más o menos.) → ¿Y tú?

④ Gracias.
Muchas gracias.
De nada.

⑤ ¿Cómo te llamas?
Me llamo Diego.
Mucho gusto. (Encantado/da.)

⑥ Por favor.
Perdón.
Sí.
No.

⑦ ¿Alguna pregunta?
Sí, tengo una pregunta.
No, no tengo preguntas.
¡Tengo una pregunta!

⑧ ¿Entiendes?
Sí, entiendo.
No, no entiendo.

⑨ ¿Cómo se escribe tu nombre? → Se escribe e-erre-i-ka-a (Erika).
¿Cómo se dice コーヒー en español? → Se dice café.
¿Qué significa vamos en japonés? → Significa 行きましょう。
¿Qué significa tu nombre Kaito (海人) ? → Significa hombre del mar.
Habla más despacio, por favor. / Hable más despacio, por favor.
Otra vez, por favor.
Vamos a practicar (en parejas).

2

❷ スペイン語圏の国々

問題　巻頭の地図を参考にして、1〜21 までの国名を（　　）にスペイン語で入れましょう。

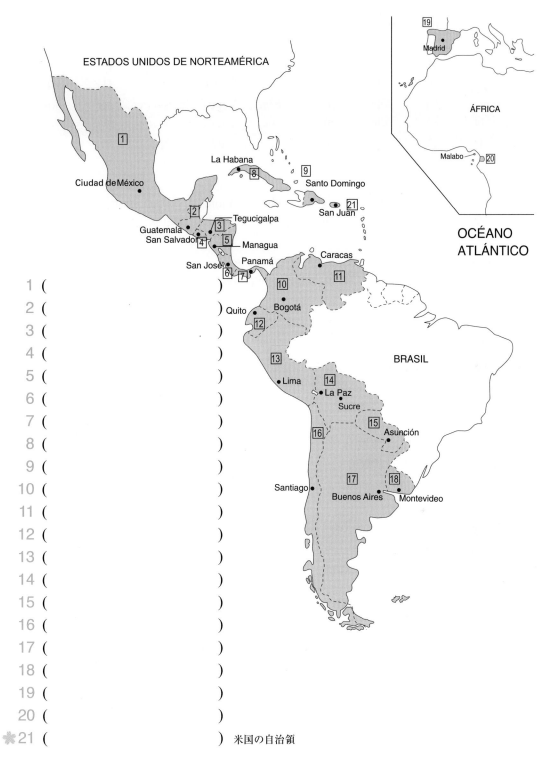

1 （　　　　　　　　　）
2 （　　　　　　　　　）
3 （　　　　　　　　　）
4 （　　　　　　　　　）
5 （　　　　　　　　　）
6 （　　　　　　　　　）
7 （　　　　　　　　　）
8 （　　　　　　　　　）
9 （　　　　　　　　　）
10 （　　　　　　　　　）
11 （　　　　　　　　　）
12 （　　　　　　　　　）
13 （　　　　　　　　　）
14 （　　　　　　　　　）
15 （　　　　　　　　　）
16 （　　　　　　　　　）
17 （　　　　　　　　　）
18 （　　　　　　　　　）
19 （　　　　　　　　　）
20 （　　　　　　　　　）
✲21 （　　　　　　　　　） 米国の自治領

③ スペイン語のアルファベット

A a	B b	C c	D d	E e	F f	G g	H h	I i
/a/ a	/be/ be	/θe, se/ ce	/de/ de	/e/ e	/éfe/ efe	/xe/ ge	/átʃe/ hache	/i/ i
J j	K k	L l	M m	N n	Ñ ñ	O o	P p	Q q
/xóta/ jota	/ká/ ka	/éle/ ele	/éme/ eme	/éne/ ene	/éɲe/ eñe	/o/ o	/pe/ pe	/ku/ cu
R r	S s	T t	U u	V v	W w	X x	Y y	Z z
/ére/ erre	/ése/ ese	/te/ te	/u/ u	/úbe/ uve	/úbe dóble/ uve doble	/ékis/ equis	/je/ /i grjéga/ ye i griega	/θéta, séta/ zeta

c と **z** はスペインでは /θe/、/θéta/、ラテンアメリカでは /se/、/séta/

k と **w** は主に外来語に用いられる：**Tokio, karaoke, kimono, whisky, Windows**

 ④ 母音

単母音　(a, e, i, o, u)

　　　強母音 a, e, o　　弱母音 i, u

a	e	i	o	u
avión	enero	idioma	otoño	universidad
Ana	leche	adiós	vaso	último

二重母音：

　　『強＋弱』　ai (ay)　ei (ey)　oi (oy)　au　eu　ou
　　『弱＋強』　ia　　　ie　　　io　　　ua　ue　uo
　　『弱＋弱』　iu　　　ui (uy)

　　matrimonio, lengua, bienvenido, puerto, diferencia

三重母音：

　　『弱＋強＋弱』　iai　　iei　　uai (uay)　　uei (uey)

　　Paraguay, Uruguay, estudiáis

⑤ 子音

/b/	ba	be	bi	bo	bu	**ba**nco **be**ber **bi**en **bo**nito **bu**eno
	va	ve	vi	vo	vu	**va**ca **ve**ntana **vi**no **vo**lar **vu**elo
/k/	ca	que	qui	co	cu	**ca**fé **que**so **qui**zás **co**mida **cu**atro
	ka	ke	ki	ko	ku	**ká**rate **ka**raoke **ki**mono **ko**ala hai**ku**
/tʃ/	cha	che	chi	cho	chu	**cha**queta co**che** **chi**no **cho**colate **chu**rro
/d/	da	de	di	do	du	**da**do **de**do **dí**a **do**s **du**da
/f/	fa	fe	fi	fo	fu	**fa**milia **fe**liz **fi**esta **fo**to **fú**tbol
/g/	ga	gue	gui	go	gu	**ga**to **gue**rra **gui**tarra **go**bierno **gu**apa
	güe		güi			bilin**güe** lin**güí**stica
/無音/	ha	he	hi	ho	hu	**ha**y **he**rmano **hi**storia a**ho**ra **hu**evo
/x/	ja	je	ji	jo	ju	**Ja**pón via**je** **ji**nete **jo**ven **ju**go
		ge	gi			**ge**nte **gi**rasol
/l/	la	le	li	lo	lu	**lá**piz **le**che **li**bro abue**lo** **lu**na
/ʎ/	lla	lle	lli	llo	llu	**lla**ma ca**lle** ga**lli**na po**llo** **llu**via
/m/	ma	me	mi	mo	mu	**ma**má **mé**dico **mi**nuto **mo**ntaña **mú**sica
/n/	na	ne	ni	no	nu	**na**dar **ne**gro **ni**eto **no**mbre **nú**mero
/ɲ/	ña	ñe	ñi	ño	ñu	Espa**ña** compa**ñe**ro me**ñi**que ni**ño**
						bu**ñu**elo
/p/	pa	pe	pi	po	pu	**pa**pá **pe**rro **pi**ntor **po**co **po**pular
/r/	ra	re	ri	ro	ru	ca**ra** ai**re** seño**ri**ta to**ro** Pe**rú**
						radio **re**galo **ri**co **ro**pa **ru**mba
	rra	rre	rri	rro	rru	guita**rra** co**rre**r co**rri**da pe**rro** ca**rru**aje
/s/	sa	se	si	so	su	**sá**bado **se**is **si**mpático **so**fá **su**cio
/t/	ta	te	ti	to	tu	**ta**za **té** **tí**o **to**do **tu**rista
/j/	ya	ye	yi	yo	yu	pla**ya** **ye**n ma**yo** desa**yu**no
/i/						**y** m**uy**
/ks (s)/	xa	xe	xi	xo	xu	e**xa**men **xe**nofobia ta**xi** e**xó**tico e**xu**berante
/ θ, s/	za	ze	zi	zo	zu	**za**pato **zo**ológico **zu**mo
		ce	ci			**ce**nar **ci**ne

二重子音：

　　bl, br, cl, cr, dr, fl, fr, gl, gr, pl, pr, tr

　　例：blanco, bravo, clase, escribir, padre, flamenco, Francia, iglesia, gracias,
　　　　planta, comprar, trampa

Lección
1

Gramática

❶ 注意が必要なつづりと発音

ha	he	hi	ho	hu	（ア・エ・イ・オ・ウ）
ca	que	qui	co	cu	（カ・ケ・キ・コ・ク）
ga	gue	gui	go	gu	（ガ・ゲ・ギ・ゴ・グ）
za	ce	ci	zo	zu	（サ・セ・シ・ソ・ス）*
lla/ya	lle/ye	lli/yi	llo/yo	llu/yu	（ジャ・ジェ・ジ・ジョ・ジュ）**
ña	ñe	ñi	ño	ñu	（ニャ・ニェ・ニ・ニョ・ニュ）
ja	je/ge	ji/gi	jo	ju	（ハ・ヘ・ヒ・ホ・フ）***

* スペインでは〔θ〕、ラテンアメリカでは〔s〕で発音する。

** ll はリャ行やヤ行、y はヤ行で発音されることもある。アルゼンチンなどではシャ行。

*** のどの奥から強く発音するハ行。

❷ アクセント

① 母音 (a, e, i, o, u) と (n, s) で終わる語は、後ろから 2 つ目の母音を強く読みます。

　casa　　　　joven　　　　lunes　　　　agua*

② 子音（n/s 以外）で終わる語は、最後の母音を強く読みます。

　hotel　　　　universidad　　doctor

③ アクセント記号のある語は、アクセント記号がついた母音を強く読みます。

　día　　　　café　　　　Japón

* 二重母音、三重母音（p.4 ❹ 母音 を参照）は、1 つの母音として数える。

❸ 疑問文と否定文

疑問文：語順は ¿動詞＋主語? または ¿主語＋動詞? です。

¿Estás tú bien? = ¿Tú estás bien?*

否定文：動詞の前に no を置きます。

No estoy bien.

*¿～?は疑問符。

❹ あいさつ

¡Hola!*

¿Qué tal?**　— Muy bien.

¿Cómo te llamas?　— Me llamo Kaito.***

*¡～!は感嘆符。

** 疑問詞は、p.67 ❶ 疑問詞 を参照。

*** 再帰動詞は、p.44 ❶ 再帰動詞 を参照。

21

6

ディエゴは日本文化を勉強するために、一年間の留学をします。これから飛行機に
乗り、アルゼンチンから日本に向けて出発します。

22

[En el avión]

Azafata : ¡Hola! Bienvenido.

Diego : Hola. Buenos días.

Azafata : ¡Buen viaje, señor!

Diego : Gracias.

☆　　　　　☆　　　　　☆

Pasajero : ¡Hola! ¿Qué tal?

Diego : Muy bien, gracias.

Pasajero : Me llamo Mario. ¿Y tú? ¿Cómo te llamas?

Diego : Me llamo Diego. Mucho gusto.

Pasajero : Encantado.

Para comunicarse

Bienvenido,-da,-dos,-das.　ようこそ。

Buenos días.　おはよう。　🌸Buenas tardes.　こんにちは。　🌸Buenas noches.　こんばんは。

¡Buen viaje!　よいご旅行を！

Señor（英語の Mr.に当たる）　🌸Señora (Mrs.)　🌸Señorita (Miss)

Gracias.　ありがとう。　🌸De nada.　どういたしまして。

Mucho gusto. / Encantado, -da.　初めまして。

Ejercicios

1. 下線の部分と同じ発音する単語を ⓐ〜ⓒ から選びましょう。

① ha<u>b</u>itación　　(ⓐ ho<u>j</u>a　　ⓑ <u>y</u>ate　　ⓒ ami<u>g</u>o)

② ca<u>b</u>eza　　(ⓐ <u>v</u>ela　　ⓑ <u>v</u>uela　　ⓒ a<u>b</u>re)

③ <u>k</u>ilo　　(ⓐ <u>c</u>uidar　　ⓑ <u>q</u>uizás　　ⓒ <u>c</u>ine)

2. 次の単語のアクセントの位置に、下線を引きましょう。

① bienvenidos　　② perdón　　③ español

④ encantado　　⑤ universidad　　⑥ cafetería

3. 正しいスペイン語訳を線で結びましょう。

① さようなら、また明日。　・　　　　　・ Buenas noches.

② どうぞよろしく。　　　・　　　　　・ Muy bien. ¿Y ustedes?

③ こんばんは。　　　　　・　　　　　・ ¿Cómo te llamas?

④ 元気です、あなた方は？　・　　　　　・ Adiós, hasta mañana.

⑤ 君の名前は？　　　　　・　　　　　・ Mucho gusto.

Un poquito más ①

皆さんは、「こんにちは」と「こんにちわ」のどちらで書きますか。正解は、「こんにちは」ですね。「こんにちは」も「こんばんは」もあとに続くべき「ご機嫌いかがですか」の部分が省略されていて「は」は助詞の一部なのです。「おはよう」は「お早く…ですね」などの「お早く（おはやく）」が転じて「おはよう」となりました。「さようなら」は「それならば」という接続詞から来ています。日本語の挨拶ことばは、最後まで言い切らなかったり、遠まわしに表現したりして、余韻を残そうとする傾向が強いです。スペイン語の「アディオス」は「A Dios seas encomendado（神の加護を求める）」ということばが省略されて「神へ」となりましたから、日本語とは違いますね。

8

Práctica

1. Conversación en parejas. Rellena el cuadro de texto.
   ①〜③の問いの答えを吹き出しに書いて、ペアで会話をしましょう。

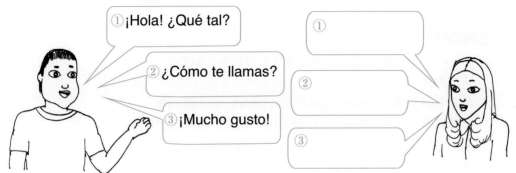

① ¡Hola! ¿Qué tal?
② ¿Cómo te llamas?
③ ¡Mucho gusto!

2. Comprensión auditiva. Marca con un círculo las palabras que escuches.
   あなたが聞いた音に〇をつけましょう。

① pelo / pero / perro　　⑥ jabón / Japón

② fuego / juego　　⑦ pañal / panal

③ rata / lata　　⑧ jarra / jala

④ caro / carro　　⑨ mago / mango

⑤ cana / caña　　⑩ mono / moño

3. Completa las frases.　下線に適切な語を補いましょう。

① B _ _ _ve_ _ do.　　⑤ ¿C _ _ _ te ll_ _ _ s?

② ¡H _ _ a!　　⑥ B _ _ _ v_ _ j _.

③ ¿Q _ _ t _ l?　　⑦ E _ c _ _ _ _ do.

④ Gr _ c _ _ s.　　⑧ M _ _ b _ _ _.

9

Lección 2

Gramática

1 名詞の性

スペイン語の名詞は、男性名詞と女性名詞があります。

① 人／動物

男性名詞：chico, perro, profesor, padre, estudiante

女性名詞：chica, perra, profesora, madre, estudiante

② 物

男性名詞：libro, teléfono, restaurante, día

女性名詞：casa, estación, universidad, leche, mano

2 名詞の数

複数形の作り方

① 母音 (a, e, i, o, u) + -s　　padres, libros, casas

② 子音 + -es　　universidades

　　　　　　　　　estaciones*

*アクセント記号の添加や削除、また綴りが変化するものもある。

examen → exámenes, canción → canciones, pez → peces

数字			
0	cero	8	ocho
1	uno, a	9	nueve
2	dos	10	diez
3	tres	11	once
4	cuatro	12	doce
5	cinco	13	trece
6	seis	14	catorce
7	siete	15	quince

3 冠詞

① 定冠詞「その～」「例の～」

② 不定冠詞 単「一人の～」「一つの～」
複「数人の～」「いくつかの～」

	定冠詞		名詞
単数	男性	el	amigo
単数	女性	la	amiga
複数	男性	los	amigos
複数	女性	las	amigas

	不定冠詞		名詞
単数	男性	un	amigo
単数	女性	una	amiga
複数	男性	unos	amigos
複数	女性	unas	amigas

4 **hay** + 名詞「～がいる」「～がある」

¿Hay una cafetería por aquí?

— Sí, hay una cafetería cerca.　　　— No, no hay cafeterías.

○●La cuenta, por favor.●○

ディエゴは日本に到着しました。留学先の大学に行く前に、空港内のカフェテリアに入ります。

[En una cafetería del aeropuerto]

Camarero	:	Buenas tardes, señor.
Diego	:	Un café y dos tostadas, por favor.
Camarero	:	Sí. Un momento.

☆　　　　☆　　　　☆

Diego	:	Camarero, la cuenta, por favor.
Camarero	:	Enseguida.

☆　　　　☆　　　　☆

Diego	:	Perdón, ¿hay una estación cerca?
Camarero	:	Sí. Hay una estación de tren allí.
Diego	:	Muchas gracias. Adiós.
Camarero	:	¡Hasta luego!

Para comunicarse

〜, por favor.	〔〜を〕お願いします。
Un momento.	しばらく待って〔下さい〕。
Enseguida.	ただいま。／ただちに。
Perdón.	すみません。
Muchas gracias.	どうもありがとうございます。
Adiós.	さようなら。
¡Hasta luego!	それでは、また！／また、後で！
allí　あそこ　✽aquí　ここ　✽ahí　そこ	

Ejercicios

1. 例にならい、単語の定冠詞を書きましょう。さらに、それを複数形にしましょう。

   Ej.: <u>el</u> café → <u>los cafés</u>

   ① _____ librería → _____   ② _____ teléfono → _____

   ③ _____ servicio → _____   ④ _____ estación → _____

   ⑤ _____ mano → _____   ⑥ _____ drama → _____

2. 不定冠詞を書きましょう。

   ① _____ templo   ② _____ cafetería   ③ _____ señores

   ④ _____ ciudad   ⑤ _____ mapas   ⑥ _____ motos

3. 日本語にしましょう。

   ① La sal, por favor.　※la sal 塩

   　→

   ② Adiós, señora.

   　→

   ③ Hay dos perros allí.

   　→

25

　Patrimonios de la Humanidad ①

Templo Ryoanji （龍安寺・京都府）
Está en Kioto y es muy famoso por su jardín de piedras. Este jardín es de arena blanca rastrillada con 15 piedras que expresan el paisaje de montañas y ríos sin usar agua. Es un estilo de jardín japonés *Karesansui*. Representa la filosofía zen del *Wabi-sabi*.

この寺は京都にあり、石庭で有名です。白砂が敷き詰められ、15個の石が配置された庭は、水を用いることなく山水の風景を表現しています。これは日本庭園の様式の１つである枯山水です。禅の侘び寂びの世界を表しています。

1. Fíjate en esta habitación y practica en parejas siguiendo el ejemplo.

例にならって、絵を見ながら、ペアで会話をしましょう。□□□ に入る単語は、Palabras（語群）から選びましょう。

Ej.: ¿Hay _una silla_ en la habitación?

→ Sí, hay _una silla_ en la habitación.

→ No, no hay _una silla_ en la habitación.

Palabras: silla, mesa, foto, cama, espejo, libro, ventana, reloj, ordenador, toalla, perro, televisor

2. Comprensión auditiva. Marca con un círculo la opción correcta.

あなたが聞いたものはどれですか？イラストに〇をつけましょう。

26

Ej.: seis relojes

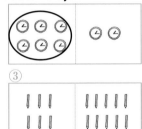

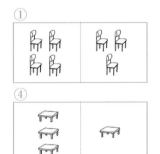

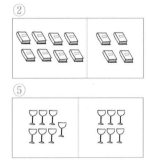

3. Practica en pareja. Haz tu pedido siguiendo el ejemplo.

右のメニューを見て、ペアでそれぞれのパートに分かれて会話をしましょう。

Camarero/ra:　Buenas tardes.

Cliente:　El menú, por favor.

Camarero/ra:　Aquí tiene...
　　　　　　　¿Qué prefiere?, ¿ensalada o sopa?

Cliente:　Una ensalada, por favor.

Camarero/ra:　¿De segundo plato?

Cliente:　Un pollo al huevo, por favor.

Camarero/ra:　¿De bebida y de postre?

Cliente:　De bebida un zumo de naranja
　　　　　y de postre una tarta.

Camarero/ra:　Enseguida señor (señora/señorita).

Menú del día ¥1200 (todo incluido)

・Ensalada o Sopa (a elegir)

Platos (a elegir)

・Pollo al huevo (*oyakodon*)

・Pescado frito (*yakizakana*)

・Cerdo al jengibre (*buta-no-shogayaki*)

・Chuleta de cerdo empanada (*tonkatsu*)

・Curry con arroz

Bebidas

・Té　　　・Zumo de naranja

・Café　　・Cola

Postre

・Helado　・Tarta　・Flan

Gramática

1 主格人称代名詞

yo	私は
tú*	君は
él / ella / usted (Ud.)	彼は／彼女は／あなたは
nosotros / nosotras	私たちは
vosotros / vosotras**	君たちは
ellos / ellas / ustedes (Uds.)	彼らは／彼女らは／あなた方は

* アルゼンチンやウルグアイなどでは、**tú** の代わりに **vos** を使用する。

** **vosotros/vosotras** の代わりに、中南米では **ustedes** を使用する。

2 **ser** の現在形

yo	soy	nosotros/nosotras	somos
tú	eres	vosotros/vosotras	sois
él/ella/usted	es	ellos/ellas/ustedes	son

① **ser + 名詞**：「～です」　名前、国籍、職業を表します*。

　　Soy Diego.　　　Ella es secretaria.　　　Él es japonés.

　　　　* p.77 **5** 国名と国籍、p.78 **9** 職業・身分 を参照。

② **ser de + 名詞**：出身地、所有、材料を表します。

　　Soy de Niigata.　　　El libro es de Diego.　　　La mesa es de madera.

③ **ser + 形容詞**：「～です」性質、性格を表します。

　　María es guapa.　　　El coche es rojo.

3 形容詞

形容詞は、原則的に名詞の後ろに置かれ*、名詞の性と数によって形が変わります。

① 語尾が **-o** で終わる形容詞

単	男性	el chico alt**o**
数	女性	la chica alt**a**
複	男性	los chicos alt**os**
数	女性	las chicas alt**as**

② 語尾が **-o** 以外で終わる形容詞

単	男性	el chico alegre
数	女性	la chica alegre
複	男性	los chicos alegre**s**
数	女性	las chicas alegre**s**

* **mucho**、**poco**、**otro**、**bueno**、**malo** などは名詞の前に置かれることもある。

4 接続詞：**y (e), o (u), pero**

tú y yo　　　español e inglés　　　naranja o manzana　　　hotel u hostal

No soy alto, pero soy fuerte.

○ ● Yo soy Diego. ● ○

ディエゴは大学に着きました。留学手続きをするために、国際交流課のスタッフと話します。

[En la oficina de estudiantes extranjeros de la universidad]

Secretaria : ¡Hola! ¿Qué tal?

Diego : ¡Hola! Yo soy Diego. Soy becario.

Secretaria : ¿De dónde eres?

Diego : Soy de Buenos Aires, Argentina.

Secretaria : ¡Ah! Eres estudiante de turismo, ¿verdad?

Diego : No, no soy estudiante de turismo.

Soy estudiante de japonés.

Secretaria : Lo siento. ¡Adelante!

Diego : Gracias, eres muy simpática... y linda.

Para comunicarse

sección de intercambio internacional	国際交流課
estudiante extranjero, -ra	留学生
becario, -ria	奨学生
turismo	観光（学科）　　（学科名は付録 p.84 ㉟ を参照）
〜, ¿verdad?	〜ですよね？／〜だね？
Lo siento.	ごめんなさい。／すみません。
¡Adelante!	どうぞ！／お入りください！
lindo/da（中南米）= guapo/pa	

Ejercicios

1. 適切な ser の活用を（　　　）に入れましょう。

① Yo (   ) Ana.

② ¿ (   ) vosotras españolas?

③ Usted (   ) estudiante, ¿verdad?

④ ¿Ellos (   ) turistas?

⑤ Diego no (   ) de Chile.

2. 次の形容詞を正しい形にしましょう。また、その反対語も書きましょう。
   p.77 ❻ 人の特徴 や ❼ 形容詞 を参考にして下さい。

① la profesora (alto)　　　＿＿＿＿＿＿＿　⇔　＿＿＿＿＿＿＿

② los estudiantes (antipático)　＿＿＿＿＿＿＿　⇔　＿＿＿＿＿＿＿

③ las casas (grande)　　　＿＿＿＿＿＿＿　⇔　＿＿＿＿＿＿＿

④ el libro (barato)　　　＿＿＿＿＿＿＿　⇔　＿＿＿＿＿＿＿

⑤ la foto (viejo)　　　＿＿＿＿＿＿＿　⇔　＿＿＿＿＿＿＿

3. スペイン語にしましょう。

① 私は日本人です。

　　→

② 彼は先生ではありません。

　　→

③ 君たちはどこの出身ですか？

　　→

Un poquito más ②

みなさんが日常的に耳にしていることばには、実はスペイン語からきたものがたくさんあります。車の名前の場合は、**Serena**（穏やかな）、**Solio**（王座）、**Premio**（賞）、**Vamos**（さあ、行こう！）、**Cima**（頂上）、**Escudo**（〔昔の〕金貨）、**Armada**（無敵艦隊）、などたくさんありますね。また、サッカーチーム名には、**Cerezo**（桜）、**Avispa**（スズメバチ）、**Marinos**（船乗り）、**Ardilla**（リス）、**Reysol**（太陽王）、**Grulla**（ツル）などがあります。他にもどんなものがあるか探してみて下さい。

16

Práctica

1. Describe las siguientes personas. Puedes utilizar uno o más adjetivos.

①～④の人物がどんな人物かを自由に想像しましょう。その後、例にならって、ペアで尋ね合いましょう。文に使用する単語は、p.77 ❻ 人の特徴 や ❼ 形容詞 を参考にしてください。それぞれの絵に当てはまる単語は、いくつ選んでも構いません。

Ej.: ¿Cómo es María?　　→ María es alta y guapa.

① Mónica

② José

③ María

④ Los niños

2. Comprensión auditiva: dictado y producción oral. Escribe las preguntas que escucharás del audio, y luego contéstalas afirmativa o negativamente. Después practica en parejas como en el ejemplo.

例にならって、質問を＿＿＿に書きとりましょう。また、その質問に Sí か No で答えましょう。

Ej.: ¿Eres profesor/ra?　　　Sí /(No) →　No, yo no soy profesor/ra.

① ¿＿＿＿＿＿＿＿＿? 　Sí / No →

② ¿＿＿＿＿＿＿＿＿? 　Sí / No →

③ ¿＿＿＿＿＿＿＿＿? 　Sí / No →

④ ¿＿＿＿＿＿＿＿＿? 　Sí / No →

⑤ ¿＿＿＿＿＿＿＿＿? 　Sí / No →

3. Busca en internet en español a algún japonés/sa famoso/sa utilizando las palabras "japoneses famosos". Luego preséntalo siguiendo el ejemplo.

日本の有名人をインターネットのスペイン語サイトで探しましょう．検索ワードは **"japoneses famosos"** です。その後、例にならって、有名人を紹介しましょう。

Ej.: Él es Ken Watanabe. Él es japonés. Él es actor. Él es amable y guapo.

Lección
4

Gramática

1 estar の現在形

yo	estoy	nosotros/nosotras	estamos
tú	estás	vosotros/vosotras	estáis
él/ella/usted	está	ellos/ellas/ustedes	están

① **estar +** 形容詞／副詞：「～です」

¿Cómo estás? — Estoy muy bien.
　　　　　　　　 — Estoy cansado / da.

② 人や人物の所在：「います／あります」

¿Dónde estás? — Estoy en la clase de español.
¿Dónde está el restaurante? — Está cerca del* hotel.

> * de + el の融合 → del
> a + el の融合 → al

2 ser + 形容詞 と estar + 形容詞 の使い分け

① **ser +** 形容詞：主語の本質的な性質を表します。

Diego es delgado.

② **estar +** 形容詞：主語の一時的な状態を表します。

Diego está delgado ahora.

3 estar と hay の使い分け

① **estar**：主語は定冠詞や所有詞のついた名詞、人称代名詞、固有名詞です。

El hospital está allí.　　Nosotros estamos en el parque.

② **hay**：不定冠詞や数詞、分量を表す形容詞のついた名詞、無冠詞の名詞と一緒に用いられます。

¿Hay un karaoke por aquí?　　Hay siete estudiates en la clase.

4 不定語と否定語

① **alguno**「何らかの」と **ninguno**「何の～もない」：名詞の性と数によって形が変わります。

¿Hay alguna librería por aquí? — No, no hay ninguna (librería).
¿Hay algún* problema? —No, no hay ningún* problema.
　　* 男性単数名詞の前では語尾の -o が消える。alguno → algún　　ninguno → ningún

② **alguien**「誰か」と **nadie**「誰も～ない」

¿Hay alguien en la clase? — No, no hay nadie.

③ **algo**「何か」と **nada**「何も～ない」

¿Algo más? — No, nada más.

○● ¿Hay algún banco por aquí? ●○

ディエゴは銀行に行く途中で、道に迷ってしまいました。ディエゴの困っている様子を
見て、スペイン語を話せる交番の警官が声をかけてきました。

[Delante del puesto de la policía]

Policía : ¿Estás bien?

Diego : Sí estoy bien. Pero... estoy un poco desorientado.

　　　　　　¿Hay algún banco por aquí?

Policía : Sí, el banco está allí, al lado del hospital.

Diego : Muchas gracias.

Policía : ¿Eres peruano, no?

Diego : No, no soy peruano. Soy *nikkei*

　　　　　　argentino.

Policía : ¡Vale! ¡Buena suerte!

Diego : Los policías japoneses son muy amables. ¡Adiós!

Para comunicarse

delante de ～　　～の前に ✿detrás de ～　～の後ろに（p.82 ㉝方角・方向 を参照）	
desorientado = perdido　　迷った	
puesto de la policía　　交番（p.79 ⑯街中 を参照）	
un poco　ちょっと／少し	
por aquí　この辺りに	
al lado de　～の隣に	
～, ¿no?　～ですよね？／～でしょう？	
nikkei argentino = argentino de descendencia japonesa　　日系アルゼチン人	
¡Vale! = ¡Ok!	
¡Buena suerte!　頑張って！／幸運を〔祈ります〕！	

Ejercicios

1. 適切な estar の活用を（　　）に入れましょう。

   ① La universidad (　　　　　　) lejos de casa.

   ② Yo (　　　　　) resfriado.

   ③ Nosotros (　　　　　) en Fukui.

   ④ ¿(　　　　　) ellas enfermas?

   ⑤ El gato (　　　　　) detrás del televisor.

2. ser と estar の意味の違いに気を付けて、訳しましょう。

   ① Yo soy alegre. →

      Esta noche estoy alegre. →

   ② Diego es nervioso. →

      Ahora Diego está nervioso. →

   ③ Tú eres guapa. →

      Hoy tú estás guapa. →

3. hay か estar の適切な形を選び、○で囲みましょう。

   ① Aquí (**hay, está, estás**) unos libros.

   ② ¿Dónde (**hay, está, estás**) el Gran Santuario Izumo Taisha?

   ③ (**Hay, está, están**) tres tomates en la nevera.

   ④ El puente de Kintai-kyo (**hay, está, están**) en Iwakuni.

   ⑤ Las gafas (**hay, estás, están**) en la mesa.

Patrimonios de la Humanidad ②

30

Parque Nacional de Shiretoko（知床国立公園・北海道）
Está en el norte de Hokkaido. Shiretoko significa "el fin del mundo" en la
lengua *ainu*. Es un lugar natural y pueden verse osos, zorros, aves, entre
otros. Una de las atracciones de este parque es pasear por los cinco fantás-
ticos lagos *Shiretoko-go-ko*.
北海道北部にあります。知床とはアイヌ語で「大地の果て」を意味します。自然豊かな場所であ
り、クマ、キツネ、鳥などを見ることができます。この公園の魅力のひとつは、幻想的な５つの
湖である知床五湖を散策することです。

1. Practica en parejas siguiendo el ejemplo. 例にならって、ペアで会話をしましょう。

Ej.: ¿Dónde está el templo Todai-ji?　　→ El templo Todai-ji está en Nara.

Ej.

el templo Todai-ji

①

Miyajima

②

el Pabellón Dorado

③
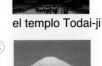
el Monte Fuji

④

Nikko

⑤

Shirakawa-go

2. Comprensión auditiva. Escucha y marca con un número el dibujo correspondiente.
これから読まれる人物に当てはまる絵を選び、聞いた順に①～④の数字を（　　）に入れましょう。

（　　　）　　　（　　　　）　　　（　　　　）　　（　　　　）

3. Mira el plano y practica en parejas siguiendo el ejemplo.
地図を用いて、例にならってペアで会話をしましょう。

Ej.: ¿Dónde está <u>el hospital</u>?　→ El hospital está <u>detrás de</u> la farmacia.

(delante de, al lado de, a la derecha de, a la izquierda de)

① el bar　② la oficina de correos　③ el parque　④ la universidad

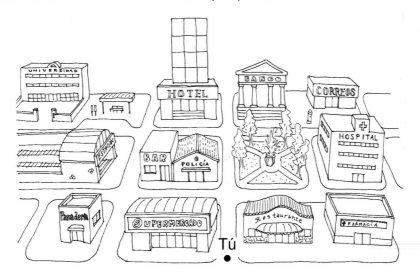

Lección
5

Gramática

1 **-ar, -er, -ir 動詞の現在形**

	hablar	**com**er	**viv**ir
yo	habl**o**	com**o**	viv**o**
tú	habl**as**	com**es**	viv**es**
él/ella/usted	habl**a**	com**e**	viv**e**
nosotros/nosotras	habl**amos**	com**emos**	viv**imos**
vosotros/vosotras	habl**áis**	com**éis**	viv**ís**
ellos/ellas/ustedes	habl**an**	com**en**	viv**en**

-ar 動詞： bailar, cantar, comprar, estudiar, llegar, tomar, trabajar, visitar, etc.
　　　　Hablo español, inglés y japonés.　　　¿Trabajas hoy?
-er 動詞： aprender, beber, comprender, correr, creer, leer, recorrer, etc.
　　　　Él bebe sake.　　　Comprendemos italiano un poco.
-ir 動詞： abrir, escribir, partir, recibir, subir, etc.
　　　　No vivo con mi familia.　　　Escribís e-mails en español.

2 **前置詞**

a	Llego a casa tarde.	Subimos al taxi.
con	Diego baila con una amiga.	私と一緒に conmigo、君と一緒に contigo
de	Soy estudiante de inglés.	El libro es del profesor.
en	Ella compra pan en la panadería.	
para	Kaito aprende español para viajar.	
sobre	Diego habla sobre la cultura japonesa.	

3 **所有形容詞** （所有形容詞 （後置形） は p.68）

	単数		複数	
私の	mi	amigo / ga	mis	amigos / gas
君の	tu	amigo / ga	tus	amigos / gas
彼の、彼女の、あなたの	su	amigo / ga	sus	amigos / gas
私たちの	nuestro	amigo	nuestros	amigos
	nuestra	amiga	nuestras	amigas
君たちの	vuestro	amigo	vuestros	amigos
	vuestra	amiga	vuestras	amigas
彼らの、彼女らの、あなた方の	su	amigo / ga	sus	amigos / gas

○● Estudio español para viajar. ●○

ディエゴは大学のキャンパスで、国際交流課から紹介された留学生サポーターのカイトと出会います。

32

[En la universidad]

Kaito : Oye, ¿eres Diego...? Soy Kaito.

Diego : ¡Ah, sí! Kaito. ¿Tú eres mi intercambio, verdad?

Kaito : Así es. ¿Hablas japonés?

Diego : Sí. También leo y escribo japonés un poco.

Pero, ¡tú hablas español muy bien!

Kaito : No. Sólo un poquito. Estudio español para viajar a España.

¿Y tú, por qué aprendes japonés?

Diego : Porque mis abuelos son japoneses.

Kaito : ¿Dónde viven tus abuelos?

Diego : Ellos viven en Argentina.

Para comunicarse

Oye. (tú に対して) すみません。／ちょっと。 ❋Oiga. (usted に対して)	
intercambio 外国語の交換授業をする人または交換授業／留学生サポーター	
Así es. そうですよ。	
también ～も ❋tampoco ～もまた〔～ない〕	
sólo ～だけ	
para + 不定詞 〔～する〕ために	
porque なぜなら	
abuelos 祖父母	
abuela - abuelita corazón - corazoncito	

Ejercicios

1. 正しい所有形容詞を（　　　）の中にいれましょう。

① (　　　　　　) padres　彼女らの両親　　② (　　　　　　) madre　　私たちの母

③ (　　　　　　) amigas　君の女友達　　④ (　　　　　　) abuelo　　私の祖父

⑤ (　　　　　　) hijos　　君たちの息子たち　⑥ (　　　　　　) hermanas　彼らの姉妹

2. 【　　　】の語を並べ替えましょう。

① 【en, cámara, Ellos, una, Akihabara, compran】

② 【la, aprendemos, en, Nosotros, universidad, español】

③ ¿【Torre Tsutenkaku, la, usted, a, Sube】？

3. スペイン語にしましょう。

① ディエゴはカイトと日本語を勉強します。

② 彼らは雑誌を読みます。※雑誌 revistas

③ 先生は宿題を受け取ります。※宿題 los deberes

> ### Un poquito más ③
>
> スペイン語では「**uno, dos, tres…**」と数を数えます。日本語の場合、事物の個数を表すときに「豆腐一丁」「イカ一杯」「琴一面」「ウサギ一羽」と助数詞を用いるのは、特徴と言えるでしょう。名詞を省略しても助数詞によって、名詞を特定することができます。例えば、マグロのように海で泳いでいる時は「一匹」、釣り上げると「一本」、これを市場で切り分けると「一丁」、さらに切り分けたものが「一塊（ひとかたまり）」、スーパーでパック詰めされると短冊に似ていることから「一冊（ひとさく）」、そして、人の口に入るときは「一切れ」と言います。便利なようで意識して覚えなければならないものもたくさんあります。最近では何でも「ひとつ、ふたつ…」「一個、二個…」と数える人が多くなりました。皆さんは「あの先輩は、2個上です」という言い方をしていますか。

1. Practica en parejas siguiendo el ejemplo.　例にならって、ペアで練習しましょう。

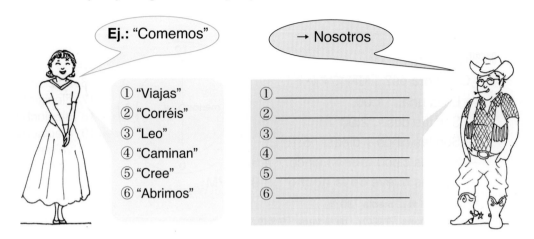

Ej.: "Comemos"　　　→ Nosotros

① "Viajas"　　　　　① _____
② "Corréis"　　　　　② _____
③ "Leo"　　　　　　③ _____
④ "Caminan"　　　　④ _____
⑤ "Cree"　　　　　　⑤ _____
⑥ "Abrimos"　　　　⑥ _____

2. Comprensión auditiva: dictado y producción oral. Escribe las preguntas que escucharás del audio, y luego contéstalas afirmativa o negativamente. Después practica en parejas como en el ejemplo.　例にならって、これから読まれる①〜④の質問を _____ に入れましょう。また、その質問に Sí か No で答えましょう。

Ej.: ¿<u>Estudias en la universidad</u>?　　(Sí)/ No　→ Sí, yo estudio en la universidad.

① ¿_____?　　Sí / No　→

② ¿_____?　　Sí / No　→

③ ¿_____?　　Sí / No　→

④ ¿_____?　　Sí / No　→

3. Siguiendo el ejemplo, busca las palabras en la SOPA DE LETRAS.
例にならって、クロスワードパズルを完成させましょう。

Ej: ellos (cantar) → cantan

·yo (comer)　　　　　·yo (correr)
·vosotros (creer)　　·nosotras (meter)
·nosotros (abrir)　　·tú (leer)
·él (beber)　　　　　·yo (escribir)
·ella (subir)　　　　　·ellas (amar)

c	a	n	t	a	n	s	r	x	s
o	m	b	e	b	o	i	e	s	u
m	o	m	b	m	x	c	c	u	b
o	s	e	e	s	c	r	i	b	o
n	e	t	b	p	e	e	b	e	r
a	e	o	e	l	e	é	i	s	r
m	l	z	l	e	e	i	s	s	o
a	b	r	i	m	o	s	o	y	c

Lección 6

Gramática

1 時刻の表し方

① ¿Qué hora es? 「何時ですか？」

— Es la una.　1:00

— Son las dos.　2:00

— Son las cinco y diez*.　5:10

— Son las cinco menos cinco.　4:55

— Son las nueve de la noche**.　9:00 PM

* cuarto 「15分」、media 「30分」

** de la mañana 「午前の」、de la tarde 「午後の」

② ¿A qué hora ~? 「何時に～しますか？」

¿A qué hora llega el autobús?　— Llega a las dos y media.

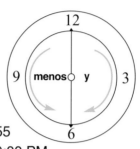

数字
16 dieciséis
17 diecisiete
18 dieciocho
19 diecinueve
20 veinte
21 veintiuno
22 veintidós
23 veintitrés
24 veinticuatro
25 veinticinco
26 veintiséis
27 veintisiete
28 veintiocho
29 veintinueve
30 treinta

2 感嘆文「なんと／なんて～！」

¡Qué + 名詞／形容詞／副詞!

¡Qué calor!　　　　　¡Qué grande!　　　　　¡Qué bien!

3 天候表現*

① hacer**+名詞

¿Qué tiempo hace?　— Hace buen (mal) tiempo.

② llover 「雨が降る」 と nevar 「雪が降る」***

Llueve (nieva) mucho.

* p.83 ㉟天気の表現 を参照。

** hacer は三人称単数形を使う。

*** llover と nevar は三人称単数形を使う。活用は不規則で、llueve (llover)、nieva (nevar)。

4 目的格人称代名詞

に格（間接目的語）		を格（直接目的語）	
me　私に	nos　私たちに	me　　私を	nos　私たちを
te　君に	os　　君たちに	te　　君を	os　　君たちを
le (se)*　彼/彼女/　あなたに	les (se)*　彼ら/　彼女ら/あなた方に	lo / la　彼/彼女/　あなた/それを	los /las　彼ら/彼女ら/　あなた方/それらを

Te escribo.　　　Os ayudo.　　　　¡A estudiarlo!**　　　¿Me lo enseñas?

*三人称の間接と直接が連続した場合は、間接 (le/les) は se になる。Se lo pregunto después.

** p.30 ❹不定詞を用いた命令 を参照。

○●¿Qué tiempo hace allí?●○

ディエゴは大学で空手サークルに入会しました。サークルでは、夏休みに沖縄での合宿を
予定しています。ディエゴはマネージャーのエリカに、合宿の日程を尋ねます。

[En la sala de reunión del grupo]

Diego	:	¿A qué hora sale el avión?
Erika	:	A las cinco de la tarde.
Diego	:	¿Cuánto cuesta el billete de ida y vuelta a Okinawa?
Erika	:	Cuesta unos 35 000 yenes.
Diego	:	¡Qué caro!
Erika	:	Diego, es normal porque estamos en verano.
Diego	:	¿Qué tiempo hace allí?
Erika	:	Llueve.
Diego	:	¡Qué pena!
Erika	:	Pero después de llover casi siempre hace sol.
Diego	:	¡Perfecto!

Para comunicarse

grupo de kárate　空手サークル

itinerario de la concentración　合宿の日程

sala de reunión del grupo　サークル室

¿Cuánto cuesta (n) 〜? = ¿Cuánto vale (n)?　〜はいくらですか？

unos　約〜／およそ〜

35000 円= treinta y cinco mil yenes　✽euro　ユーロ　✽dólar　ドル

billete de ida y vuelta　往復航空券

¡Qué pena!　なんて残念なんだ！

después de 〜　〜の後で　✽antes de 〜　〜の前に

casi siempre　だいたいいつも

¡Perfecto!　やったね！

Ejercicios

1. （　　）の数字をスペイン語で書きましょう。

① En Japón hay un total de (47) ＿＿＿＿＿＿＿＿ prefecturas.
日本には 47 の都道府県があります。

② Hay (12) ＿＿＿＿＿＿＿＿ signos en el horóscopo chino.
干支は 12 種類あります。

③ En Japón hay muchas tiendas de (24) ＿＿＿＿＿＿＿＿ horas.
日本には 24 時間営業のお店がたくさんあります。

④ La altura del Monte Fuji es de (3 776) ＿＿＿＿＿＿＿＿ metros.
富士山は標高 3776 メートルです。

⑤ Normalmente un año dura (365) ＿＿＿＿＿＿＿＿ días.
普通、一年は 365 日です。

2. 適切な語を○で囲みましょう。

① ― ¿Tú (me, te, le) llamas por teléfono esta noche? 今夜、君は私に電話する？

― Sí, yo (me, te, le) llamo. はい、私は君に電話するよ。

② ― ¿Vosotros (lo, la, los, las) tomáis? 君たちは、それを（el café）飲む？

― Sí, nosotros (lo, la, los, las) tomamos. はい、私たちはそれを飲むよ。

③ ― ¿Me prestas tu cámara? 君のカメラを私に貸してくれる？

― No, no (me, te, le) (la, le, lo) presto. いいえ、私は君にそれを貸せません。

3. スペイン語にしましょう。

① 午後1時10分です。

→

② 今日は天気が悪いです。

→

③ 私たちは12時に（お昼を）食べます。

→

> **Patrimonios de la Humanidad ③**

Archipiélago de Ogasawara（小笠原諸島・東京都）
Es un conjunto de islas de clima subtropical. Aunque forma parte de Tokio, se encuentra en el Océano Pacífico, a unos 1 000 km de distancia. Conocidas como las "Galápagos Orientales" porque los animales y las plantas en las islas han evolucionado por su cuenta.
亜熱帯気候の島嶼群です。東京都の一部ですが、1000 キロ離れた太平洋に位置しています。島々の動植物は独自の進化を遂げたため「東洋のガラパゴス」として知られています。

Práctica

1. Practica en parejas siguiendo el ejemplo.

例にならって，ペアで会話をしましょう。p.83 ㉟ 天気の表現 を参考にしてください。

Ej.: ¿Qué tiempo hace en Yamagata?   → En Yamagata <u>hace buen tiempo</u>.

Ej.	①	②	③	④
Yamagata	Tottori	Saga	Nagano	Okayama

2. Comprensión auditiva. Marca con un círculo la opción correcta.

36

これから①〜④の国の時間が読まれます。例にならって、正しい時間に〇をつけましょう。

Ej.: En Bolivia son las 6:10 / (7:10) / 7:50.

① En Japón   2:02 / 2:20 / 12:20

② En España   5:04 / 5:15 / 5:45

③ En Venezuela   3:30 / 4:30 / 13:30

④ En México   0:01 / 1:00 / 12:59

3. Decide el precio. Pregunta a tu compañero/ra el precio siguiendo el ejemplo.

①〜④の品物の金額を、自由に決めて_____に入れましょう。その後、例にならって、ペアでその品物がいくらかを互いに質問しましょう。

Ej.: ¿Cuánto cuesta el *udon*? → El *udon* cuesta <u>600</u> yenes.

Ej.

el *udon*
<u>600</u> yenes

① la ternera de Kobe
_____ yenes

② el *obento*
_____ yenes

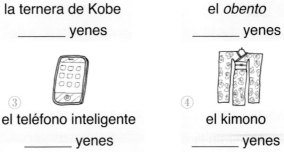

③ el teléfono inteligente
_____ yenes

④ el kimono
_____ yenes

Lección 7

Gramática

1 gustar 型動詞*

～は**		好きです	～が***
(A mí)	**me**		名詞（単数） la tarta
(A ti)	**te**	**gusta**	
(A él/ella/usted/Diego)	**le**		動詞 leer
(A nosotros/nosotras)	**nos**		
(A vosotros/vosotras)	**os**	**gustan**	名詞（複数） los animales
(A ellos/ellas/ustedes/Diego y Erika)	**les**		

（ + ）

Me gusta la música japonesa.　　　¿Te gustan los videojuegos?

¿Qué dulce japonés te gusta?　— Me gusta el *oshiruko*.

* gustar 型動詞は他に **encantar (encanta / encantan),　doler (duele / duelen),　interesar (interesa / interesan),　parecer (parece / parecen)** などがある.

　　Me duele la muela.

　　Nos interesa la cultura japonesa.

** **A mí, A ti** などは省略できる。A mí me gusta bailar. = Me gusta bailar.

*** 名詞には冠詞が必要である。

2 比較級

① 優等比較級：más + 形容詞／副詞 + que

El melón es más caro que la manzana.

Tú eres mayor que yo.

② 劣等比較級：menos + 形容詞／副詞 + que

Yo soy menos fuerte que mi amigo.

③ 同等比較級：tan + 形容詞／副詞 + como

Él canta tan bien como ella.

> 不規則な比較級
> bueno (形) / bien (副) → mejor
> malo (形) / mal (副) → peor
> grande (形) → mayor（主に年齢）
> pequeño (形) → menor（主に年齢）
> mucho (形／副) → más
> poco (形／副) → menos

3 最上級

定冠詞 +（名詞 +）más / menos + 形容詞 + de

El lago Biwa-ko es el (lago) más grande de Japón.

4 不定詞を用いた命令「～しなさい」

¡A trabajar!

No dormir en la clase.

¿Te gusta la comida japonesa?

サークルの合宿では、毎日、早朝から練習が行われています。ディエゴはその練習で
かなり疲れているようです。

[En el *dojo*]

Erika : Diego, ¿qué te pasa?

Diego : Me duele todo el cuerpo y estoy muy cansado.

Erika : ¡Vamos, Diego! ¡A comer!

☆ ☆ ☆

[En el comedor]

Diego : ¡Uhm! Está muy rico.

Erika : El *goya-champuru* es el plato más famoso de Okinawa.

Diego : ¡Ah! Mis abuelos lo comen a menudo porque son de aquí.

Erika : ¿Te gusta la comida japonesa?

Diego : Sí..., pero me gusta más la comida de Argentina que la de Japón.

Otro día te invito a comerla.

Para comunicarse

el *dojo* = sala en la que se practican el kárate, el judo y otras artes marciales

¿Qué te pasa?　どうしたの？

¡Vamos!　さあ！

El *goya-champuru*　（p.100 にスペイン語のレシピあり）

a menudo　頻繁に

otro día　今度／別の日に

te invito a ～　君を～に招待します。

31

Ejercicios

1. 【　　】の語を並べ替えましょう。

① 【les, karaoke, japoneses, el, los, gusta, A】　日本人はカラオケが好きです。

→

② ¿【la, interesa, A, cultura, te, japonesa, ti】？　君は日本の文化に興味がありますか？

→

③ 【me, cabeza, mí, la, duele, A】　私は頭が痛いです。

→

2. 日本語に合うスペイン語を（　　）に入れましょう。

① 私の兄は妹より背が高いです。

Mi hermano es (　　　　) (　　　　) que mi hermana.

② マリアは君と同じようにサルサを上手に踊ります。

María baila salsa (　　　　) (　　　　) como tú.

③ 松山市は四国で最も大きな町です。

La ciudad de Matsuyama es (　　　　) (ciudad) (　　　　) (　　　　) de Shikoku.

3. 日本語に訳しましょう。

① ¿Cuál te gusta más el verano o el invierno?

→

② ¿Es el río Tone-gawa el (río) más largo de Japón?

→

Un poquito más ④

皆さん、「ハポニョール」って知っていますか。japonés + español＝japoñol のことを言います。ガンバッテアール（頑張る＋ar）や **estoy gambateando**（わたしは頑張っています）、**hay que gambatear**（頑張らないといけません）などが、中南米出身の日系人の間でよく使われています。現在形の活用は、yo gambateo, tú gambateas, él/ella gambatea, nosotros gambateamos, ellos/ellas/ustedes gambatean となります。他にも **kimetear**（キメテアール）は「決める」、**yametear**（ヤメテアール）は「辞める」となります。皆さんも「ハポニョール」を造ってみませんか。

Práctica

1. Elige marcando en la tabla con un aspa (☑) lo que te encanta, te gusta o lo que no te gusta. Luego practica en parejas siguiendo el ejemplo.　表を見て、当てはまるものに(☑)を入れましょう。その後、例にならって、ペアで会話をしましょう。

   Ej.: ¿Te gusta la comida japonesa?　　→ Sí, me encanta la comida japonesa.

	Me encanta(n)	Me gusta(n)	No me gusta(n)
Ej. la comida japonesa	✔		
la comida italiana			
el café			
leer manga			
los deportes			
las fiestas			

2. Comprensión auditiva. Marca con un círculo V (verdadero) o F (falso).

   あなたが聞いたものとイラストが正しければ V に〇を、間違っていれば F に〇をつけましょう。

① V / F

Carlos　Toño

② V / F

¥ 30 000　　¥ 4 000 000

③ V / F

¥ 25 000　¥ 125 000

④ V / F

Luis　Marcela

3. Practica en parejas usando los dibujos y siguiendo el ejemplo.

   右の絵と例文を参考にして、ペアで会話をしましょう。

   Ej.: Doctor/ra: ¿Qué te pasa?

   　　Paciente:　Me duele el dedo.

   　　　　　　　Me duelen los dedos.

①

②

③

④

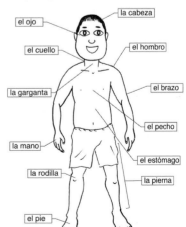

la cabeza
el ojo
el cuello
la garganta
el hombro
el brazo
el pecho
la mano
el estómago
la rodilla
la pierna
el pie

39~42

問題1　日本の四季の説明と絵を線で結びましょう。

① Florecen muchos tipos de flores. Mucha gente espera el anuncio oficial del florecimiento del cerezo.

•

•

② Muchas personas toman sus vacaciones en esta estación. Celebran el *Obon* y también hay festivales con fuegos artificiales en todo el país.

•

•

③ En esta época el paisaje es hermoso porque las hojas de los árboles están rojas y amarillas.

•

•

④ Bajan las temperaturas porque llegan los vientos de Siberia y Mongolia. En el norte de Japón nieva mucho.

•

•

43

問題2　①〜④の人物はどこの都道府県出身でしょうか？例にならって、名所、料理、祭りをヒントに、それぞれの出身地を当てましょう。

Ej.: ¡Hola! ¿Cómo estás? Soy Ayaka. Te recomiendo visitar la Torre del Reloj. Hay muchas comidas ricas, pero me gusta más el *jingisukan*. Un festival famoso es el Festival de la Nieve.

¿De dónde es ella?

— Es de la provincia de (*Hokkaido*).

① Buenas tardes. Me llamo Kento. Te recomiendo visitar el templo Kiyomizu-dera. Hay muchas comidas ricas, sobre todo los dulces japoneses. Un festival famoso es el Festival de Gion.

¿De dónde es él?

— Es de la provincia de ( ).

② Hola, ¿qué tal? Me llamo Reika. Te recomiendo visitar el castillo de Hirosaki. Hay muchas comidas ricas, sobre todo el *sembei-jiru*. Un festival famoso es el Festival de Nebuta.

¿De dónde es ella?

— Es de la provincia de ( ).

③ Buenos días. Soy Takuto. Te recomiendo visitar el templo sintoísta Dazaifu-tenmangu. Hay muchas comidas ricas, pero me gusta más el *motsu-nabe*. Un festival famoso es el Festival de Dontaku.

¿De dónde es él?

— Es de la provincia de ( ).

④ ¿Qué tal? Soy Waka. Te recomiendo visitar la playa Katsura-hama. Hay muchas comidas buenas, sobre todo el *katsuo-no-tataki*. Un festival famoso es el Festival de Yosakoi.

¿De dónde es ella?

— Es de la provincia de ( ).

問題3　上の①〜④を例に、（ 　　　）に適切な語を入れて、あなたの出身地を紹介しましょう。

¡Hola! Me llamo ( ).

Soy de la provincia* de ( ).　*la ciudad 市　el barrio 区　el pueblo 町/村

Te recomiendo visitar ( ).

Hay muchas comidas ricas, sobre todo ( ).

Un festival famoso es el Festival de ( ).

¿Por qué no visitas mi provincia*?

35

❶ 語根母音変化動詞の現在形：querer, poder, pedir

querer (e→ie 型)*			
yo	quiero	nosotros/nosotras	queremos
tú	quieres	vosotros/vosotras	queréis
él/ella/usted	quiere	ellos/ellas/ustedes	quieren

① querer + 名詞「〜が欲しい」　Ella quiere agua.
② querer + 不定詞「〜したい」　Quiero viajar al lago Kawaguchi-ko.

* 他には、**pensar, empezar, cerrar, perder, entender, preferir, sentir** などがある。

poder (o→ue 型)**			
yo	puedo	nosotros/nosotras	podemos
tú	puedes	vosotros/vosotras	podéis
él/ella/usted	puede	ellos/ellas/ustedes	pueden

poder + 不定詞「〜できる」、「〜してよい」
Erika puede bailar el baile japonés *Nihon-buyo*.
¿Puedo abrir la ventana?

** 他には、**costar, contar, recordar, mover, volver, dormir** などがある。

pedir (e→i 型)***			
yo	pido	nosotros/nosotras	pedimos
tú	pides	vosotros/vosotras	pedís
él/ella/usted	pide	ellos/ellas/ustedes	piden

Él pide un café al camarero.

*** 他には、**repetir, seguir, servir, reír** などがある。

❷ 一人称単数の語尾が -go の動詞の現在形：tener

tener*			
yo	tengo	nosotros/nosotras	tenemos
tú	tienes	vosotros/vosotras	tenéis
él/ella/usted	tiene	ellos/ellas/ustedes	tienen

① tener + 名詞「〜を持つ」など　Tengo dos entradas para ver Kabuki.
② tener que + 不定詞「〜しなければならない」　Tienes que estar aquí.
　 no tener que + 不定詞「〜する必要はない」　No tienes que cocinar.

* 他には、**salir, poner, hacer, traer, venir, decir** などがある。

○● Tengo hambre. ●○

ディエゴは、大学祭で、留学生寮のルームメイトたちと一緒に、アルゼンチン料理を
出すことになりました。

48

[En el puesto de comida]

Erika　:　Tengo hambre. Quiero comer algo.

Diego　:　Nosotros tenemos churros y empanadas.

　　　　　Tienes que probarlos.

Erika　:　¡Sí! Entonces, te pido un churro y una empanada.

Diego　:　Los argentinos podemos cocinar muy bien.

　　　　　¿Erika, puedes preparar alguna comida japonesa?

Erika　:　Sí, puedo cocinar tan bien como en un restaurante.

Diego　:　¡Qué exagerada! Tienes que demostrármelo.

Para comunicarse

fiesta de la universidad	大学祭
puesto de comida	模擬店／屋台

Tengo hambre.　お腹が空いています。　✿tener sed　のどが渇いている

　✿tener sueño　眠い　✿tener calor　暑い　✿tener frío　寒い　✿tener miedo　怖い

　✿¿Cuántos años tienes?　何歳ですか？　— Tengo 18 años.　18歳です。

algo	何か　（p.18 ❹不定語と否定語 を参照）
churros y empanadas	（p.96 と p.97 にスペイン語のレシピあり）
entonces	それでは／では
¡Qué exagerada!	大げさだな！

Ejercicios

1. 表を完成させましょう。

empezar	volver	servir	hacer	decir	salir	venir
empiezo			hago		salgo	
	vuelves			dices		
		sirve				viene
			hacemos			venimos
				decís		
					salen	

2. 主語に合わせて（　　）の動詞を活用させましょう。

① Yo (querer　　　　　　　　　) comprar un "Gato de la fortuna". ※招き猫

② ¿(Volver　　　　　　　　　) tú a casa en las vacaciones de verano?

③ El diccionario (servir　　　　　　　) para estudiar.

④ Ellos no (venir　　　　　　) de Mito.

⑤ Nosotros (salir　　　　　　) temprano a la universidad.

3. スペイン語にしましょう。

① ディエゴは漢字を勉強しなければなりません。※漢字 caracteres chinos
→

② 私は君に真実を言います。※真実 la verdad
→

③ あなたは梅干を食べられますか？※梅干 la ciruela japonesa encurtida
→

Patrimonios de la Humanidad ④

Templo Horyuji（法隆寺・奈良県）

Este templo budista está en Nara y fue la base de la difusión del budismo. Fue construido por el Príncipe Shotoku en el siglo VII, y se dice que es el edificio de madera más antiguo del mundo.

法隆寺は古都奈良にある仏教寺院で、仏教普及の拠点となりました。7世紀に聖徳太子が建てた寺とされ、世界最古の木造建築物と言われています。

Práctica

1. Practica en parejas siguiendo el ejemplo.　例にならって、ペアで会話をしましょう。

Ej.: ¿Puedes hablar español?　　→ Sí, (yo) puedo hablar español muy bien.

→ No, (yo) no puedo hablar español.

① hablar inglés　　② tocar *shamisen*　　③ comer *natto*　　④ nadar

2. Comprensión auditiva: dictado y producción oral. Escribe las oraciones que escucharás del audio, y luego aconseja a Diego como en el ejemplo.

50

ディエゴが、現在、困っていることを聞き取って、＿＿＿＿に書きましょう。さらに、例にならって、あなたがディエゴに適切なアドバイスをしてあげましょう。

Ej.: (Problema) *Diego tiene sueño.*　(Consejo) Tienes que dormir.

① _____　　→

② _____　　→

③ _____　　→

3. ① Elige de la lista a la derecha 3 cosas que quieres. Luego practica en parejas como en el ejemplo.　右のリストからあなたが欲しいものを3つ選びましょう。そして、例にならってペアで会話をしましょう。

Ej.: ¿Qué quieres?　→　(yo) Quiero un coche.

(1) ¿Qué quieres?

　→

(2) ¿Qué quieres además?

　→

(3) ¿Qué otra cosa más quieres?

　→

amigos	un coche
amor	un ordenador
dinero	una mascota
felicidad	un novio / una novia
ropa	un par de zapatos
salud	un teléfono móvil
tiempo	una casa

② Elige de la lista a la derecha 3 cosas que quieres hacer ahora, mañana y en el futuro. Luego practica en parejas como en el ejemplo.　右のリストから今、明日、将来にやりたいことを3つ選びましょう。そして、例にならってペアで会話をしましょう。

Ej.: ¿Qué quieres hacer ahora?　→ Ahora (yo) quiero estudiar español.

(1) ¿Qué quieres hacer ahora?

　→

(2) ¿Qué quieres hacer mañana?

　→

(3) ¿Qué quieres hacer en el futuro?

　→

estudiar español
viajar a España
comer empanadas
ver una película
vivir en el extranjero
subir a una noria
trabajar en Disneylandia
ser maestro/tra

Lección

9

Gramática

❶ ir の現在形

ir			
yo	voy	nosotros/nosotras	vamos
tú	vas	vosotros/vosotras	vais
él/ella/usted	va	ellos/ellas/ustedes	van

① ir a + 場所「～に行く」　Voy a la universidad a pie.

② ir a + 不定詞「～するつもりです」　Fernando va a viajar en avión.

③ Vamos a + 不定詞「～しましょう」　Vamos a empezar.

❷ saber と conocer の現在形

saber		conocer (-zco 型)*	
sé	sabemos	conozco	conocemos
sabes	sabéis	conoces	conocéis
sabe	saben	conoce	conocen

① saber「（知識や情報として）知る」「（技能・技術などを）～することができる」
¿Sabes quién es el primer ministro de Japón? Yo no sé conducir.

② conocer「（経験として）知る」
Conozco el templo sintoísta de Ise-jingu.

　人に対しては「conocer a + 人」になります。Conozco a María.

　* 他には conducir, nacer, producir などがある。

❸ 関係代名詞*

① **que**：人／物
Yo como el *Sanuki-udon* que es una comida típica de Kagawa.

② 定冠詞 + **que**：人／物（コンマ(,)または前置詞の後ろで使用できます。）
Esta es la sala en la que aprendemos español.

③ **quien, quienes**：人（コンマ(,)または前置詞の後ろで使用できます。）
Los luchadores de sumo, quienes son muy fuertes, comen mucho *chanko-nabe*.

　* 関係副詞 (como, cuando, donde) は p.68 ❺ を参照。

○●Vamos a visitar un templo famoso.●○

日本文化のクラスでは、世界遺産を巡る社会見学を予定しています。先生は事前の
クラスで、スペイン語圏の留学生と世界遺産について話しています。

[En la clase de cultura japonesa]

Profesor : El próximo sábado, vamos a visitar un templo famoso que es
Patrimonio de la Humanidad. A ver chicos, ¿conocéis alguno?

Diego : Sí, conozco uno.

Profesor : ¿Ah, sí? ¿Cuál es?

Diego : No sé el nombre, pero está en Nara y hay una gran estatua
de Buda.

Profesor : ¡Ah! Conoces el templo Todai-ji. Sí, es un Patrimonio de
la Humanidad y un Tesoro Nacional. ¡Sabes mucho, Diego!

Diego : ¿Vamos allí?

Profesor : Pues esta vez no. El templo al que vamos el próximo
sábado es...

Para comunicarse

templo = templo budista / sintoísta	仏教寺院／神社
visitar + 場所　〜を訪れる　✳visitar a + 人　〜を訪問する	
Patrimonio de la Humanidad	世界遺産
A ver	さあ
gran estatua de Buda	大仏
Tesoro Nacional	国宝
esta vez	今回

Ejercicios

1. 主語に合わせて（　　）の動詞を活用させましょう。

① Nosotros (ir   ) a la ceremonia del té.

② ¿(Ir   ) (tú) en el tren expreso a Nagoya?

③ Ellos no (ir   ) a trabajar el fin de semana.

④ Yo (conocer   ) bien esta* ciudad.

⑤ ¿(Saber   ) usted cuándo llega el vuelo de Kumamoto?

　　* p.67 ② 指示形容詞 を参照。

2. 【　　】の語を並べ替えましょう。

① 【universidad, argentino, en, estudia, Diego, es, que, el, la】
ディエゴは大学で勉強しているアルゼンチン人です。

　　→

② 【que, casa, Esta, es, vivimos, en la, la】　これは私たちが住んでいる家です。

　　→

③ ¿【restaurante, tú, que, Vamos, conoces, al】?
君が知っているレストランに行きましょうか？

　　→

3. スペイン語にしましょう。

① 君たちは大学の住所を知っていますか？※住所 dirección

　　→

② 私は君の先生を知りません。

　　→

③ 乾杯しましょう！　※乾杯する brindar

　　→

Un poquito más ⑤

日本語にもスペイン語にも共通した慣用句があります。Estoy hasta la coronilla（頭にくる）、mano derecha（右腕）、El amor es ciego（恋は盲目）、Matar dos pájaros de un tiro（一石二鳥）、No hay dos sin tres（二度あることは三度ある）、En boca cerrada, no entran moscas（口は災いの元）、Se llevan como perro y gato（犬猿の仲）、El tiempo es oro（時は金なり）、Cara dura（顔が厚い）、La niña de mis ojos（目に入れても痛くない）などです。遠く離れた国々で同じような表現で同じ教訓が使われているというのは、人類の共通の真理のようです。

42

1. Practica en parejas siguiendo el ejemplo.

   例にならって、次の質問に Sí か No で答えましょう。

   Ej.: ¿<u>Conoces</u> Kamakura?　　→ Sí, <u>conozco</u> Kamakura.

   　　　　　　　　　　　　　　→ No, todavía no <u>conozco</u> Kamakura.

   ① ¿Conoces el parque zoológico de Ueno?

   　→

   ② ¿Conoces a alguien famoso?

   　→

   ③ ¿Conoces al rector de la universidad?

   　→

2. Comprensión auditiva. Escucha el audio y completa los espacios en blanco de la
   agenda de Diego.　ディエゴの一週間のスケジュールを聞き、例にならって空欄を埋めましょう。

   Ej.: El lunes Diego va a comprar pan en la <u>panadería</u> a las nueve.

   Agenda de Diego.　Julio - Año 20XX

	va a...	en...	a las
(Ej.) LUNES	comprar pan	*la panadería*	9:00
MARTES		la biblioteca	4:00
MIÉRCOLES	practicar kárate	el *dojo*	
JUEVES	estudiar con Kaito		3:00
VIERNES		el karaoke	10:00
SÁBADO	cenar	un restaurante	
DOMINGO	ir a la fiesta		5:00

3. El juego del saber. Pregunta a tu compañero si sabe sobre los países hispanoha-
   blantes. Por "Sí" recibes 1 punto y por "No" 0.

   ①～⑥のスペイン語圏に関するクイズに答え、**Sí** には（1 点）、**No**（0 点）を入れましょう。その後、
   合計点を計算して、あなたのスペイン語圏の知識がどのレベルか確認しましょう。

	Sí	No
① ¿Sabes dónde está Machu Picchu?		
② ¿Sabes cuál es la capital de España?		
③ ¿Sabes qué es una paella?		
④ ¿Sabes cuántas personas hablan español en el mundo?		
⑤ ¿Sabes cómo se dice *ushi* en español?		
⑥ ¿Sabes quién es Messi?		

   Si tu resultado es...　　　　　　　　　　　　Total

de 5 a 6 puntos =	de 3 a 4 puntos =	de 0 a 2 puntos =
¡Cuánto sabes!	**Un poco más. ¡Ánimo!**	**¡Tienes que estudiar más!**

Lección

10

Gramática

1 再帰動詞

levantar（起こす）＋ se（自分自身を）→ levantarse（起きる）

levantarse			
yo	**me** levant**o**	nosotros/nosotras	**nos** levant**amos**
tú	**te** levant**as**	vosotros/vosotras	**os** levant**áis**
él/ella/usted	**se** levant**a**	ellos/ellas/ustedes	**se** levant**an**

① 直接再帰「自分自身を〜する」

¿Cómo te llamas? Me llamo ~.

他に sentarse, llamarse, bañarse, ducharse, acostarse などがあります。

② 間接再帰「自分自身に〜する」

¿Te pones el sombrero?

他に lavarse, quitarse などがあります。

③ 相互用法「互いに〜し合う」（複数形のみ）

Nos encontramos en la salida norte de la estación.

他に verse, quererse, escribirse, encontrarse などがあります。

④ 意味の強調「〜してしまう」

Erika se come toda la tarta.

他に irse, dormirse, beberse, marcharse, morirse などがある。

⑤ 再帰受け身（se ＋ 三人称単数/複数〔人以外〕）「〜される」

En Cataluña se habla catalán.

⑥ 無人称（se ＋ 三人称単数）「人は一般に〜」

¿Cuánto se tarda de Tokio a Osaka?

2 形容詞の副詞化

形容詞（女性単数形）＋ -mente ／形容詞（性数変化なし）＋ -mente

lent**a** + mente → lent**a**<u>mente</u> / natural + mente → natural<u>mente</u>

○ ● ¿A qué hora te levantas? ● ○

空手サークルの帰り道、ディエゴはエリカと話しながら、駅に向かって歩いています。

53

[Regresando de las prácticas de kárate]

Diego : ¿A qué hora te levantas?

Erika : Generalmente me levanto a las siete.

Diego : ¿Y a qué hora te duermes?

Erika : Normalmente me duermo a las doce.

Diego : ¿Y a qué hora...

Erika : ¿Diego, por qué me preguntas tantas cosas?

Diego : Es que ... ¿tienes tiempo mañana?

☆ ☆ ☆

Diego : Entonces... quedamos a las tres en la entrada de la estación.

Erika : Sí, bueno. ¡Nos vemos!

Diego : ¡Vamos a ver el cambio de color de las hojas de los árboles!

Erika : ¡Qué emoción! ¡Vamos a divertirnos!

Para comunicarse

generalmente = normalmente　たいてい／普通は	🌸 generalmente は「一般に」の意味も含む。
tantas　そんなに多くの	🌸 tanto は名詞に合わせて性数変化する。(tanto, -ta, -tos, -tas)

Es que...　えーっと・・・

Sí, bueno.　ええ、いいわよ。

¡Nos vemos!　じゃ、またね！

cambio de color de las hojas de los árboles　紅葉

¡Qué emoción!　素敵だわ！／感激だわ！

¡Vamos a divertirnos!　楽しみましょう！

Ejercicios

1. 主語に合わせて（　　）の動詞を活用させましょう。

　　① Yo (ponerse　　　　　　　　　　) el abrigo.

　　② ¿A qué hora (levantarse　　　　　　　　　　) tú?

　　③ Muchos japoneses (bañarse　　　　　　　　　　) en los baños públicos.

　　④ ¿(Verse　　　　　　　　　　) vosotros los fines de semana?

　　⑤ En la provincia de Chiba (producirse　　　　　　　　　　) cacahuetes.

2. 【　　】の語を並べ替えましょう。

　　① 【despierta, Diego, seis, a, se, las】　ディエゴは6時に目を覚まします。
　　　→

　　② 【en, Los japoneses, se, los zapatos, quitan, casa】．　日本人は家で靴を脱ぎます。
　　　→

　　③ ¿【Ya, vas, te】?　君はもう帰るの？
　　　→

　　　―【ahora, me, no, voy, No】　いいえ、今は帰りません。
　　　→

3. スペイン語にしましょう。

　　① 彼らは座布団に座ります。※座布団 los cojines
　　　→

　　② 明日会いましょう。
　　　→

　　③ 東京から時々富士山が見えます。※時々a veces，富士山 el Monte Fuji
　　　→

> Patrimonios de la Humanidad ⑤

Isla Yakushima （屋久島・鹿児島県）
Es una isla en la prefectura de Kagoshima. Se dice que el cedro *Jomon-sugi*, símbolo de esta isla, tiene 7 200* años. El director de cine Hayao Miyazaki creó la película *Mononoke Hime* inspirada en la naturaleza de Yakushima.
屋久島は鹿児島県の離島です。島の象徴である縄文杉は、樹齢7200年*と言われています。屋久島の大自然からインスピレーションを得て、宮崎駿監督の映画「もののけ姫」は作られました。
*諸説あります。

Práctica

1. Practica en parejas siguiendo el ejemplo. 例にならって、ペアで会話をしましょう。

① levantarse   ② lavarse los dientes   ③ ducharse   ④ acostarse*

* irregular

| de la mañana | de la tarde | de la noche |

Ej.: ¿A qué hora te levantas?

① _____

② _____

③ _____

④ _____

Ej.: Me levanto a las seis y media de la mañana.

① _____

② _____

③ _____

④ _____

2. Comprensión auditiva. Marca con un círculo las expresiones correctas.

55

ディエゴの朝の様子を聞いて、それぞれの時間に当てはまる行動を①～③の中から一つ選び、○をつけましょう。

A las 6:00 ⟶	① se despierta	② se despide	③ se despeina
A las 6:10 ⟶	① lava el perro	② se lava el pelo	③ se afeita el pelo
A las 8:00 ⟶	① sale de su casa	② se para en la universidad	③ se sube al autobús
A las 8:30 ⟶	① se sienta en la silla	② se siente en la silla	③ se sube a la silla

3. Usando los reflexivos explica oralmente lo que hace Ken. Ken の朝の行動を時間順に並べ替え、（ ）に 1～5 の番号を入れましょう。そして、例にならって Ken の行動を説明しましょう。

Ej.: Ken se acuesta a las diez.

(Ej.)　　　　　　　　　　　( )　　　　　　　　　　　( )

22:00　　　　　　　　7:10　　　　　　　　7:30

( )　　　　　　　　　　　( )　　　　　　　　　　　(1)

8:00　　　　　　　　7:50　　　　　　　　6:00

II

① 現在分詞

> 規則形
> -ar → -ando：hablar → hablando
> -er/-ir → -iendo：comer → comiendo / vivir → viviendo
>
> 不規則形
> leer → leyendo oír → oyendo ir → yendo decir → diciendo
> dormir → durmiendo morir → muriendo venir → viniendo

① 進行形「〜しているところだ」：estar + 現在分詞
　　Estamos comiendo curry con arroz.
② 副詞的な働き「〜しながら」
　　Yo leo el periódico tomando té japonés.

② 過去分詞

> 規則形
> -ar → -ado：hablar → hablado
> -er/-ir → -ido：comer → comido / vivir → vivido
>
> 不規則形（不規則形は -er/-ir のみである）
> abrir → abierto decir → dicho cubrir → cubierto escribir → escrito
> freír → frito hacer → hecho leer → leído morir → muerto
> poner → puesto romper → roto ver → visto volver → vuelto

① 形容詞的用法「〜された」：名詞と性数一致します。
　　pollo asado pared pintada dulces hechos a mano patatas fritas
② 現在完了形「〜した、〜したことがある」：haber (he, has, ha, hemos, habéis, han) + 過去分詞
　　Yo ya he terminado los deberes.（完了）　Esta mañana he comido pan.
　　Diego ha visitado el Acuario GAO de Oga una vez.（経験）
③ 受け身の表現「〜される」：ser / estar + 過去分詞（+ por ~）
　　La danzarina de Izu fue escrita* por Yasunari Kawabata.
　　El supermercado está abierto*.
　　*過去分詞は主語の性数に応じて変化する。

③ 絶対最上級「非常に〜な」

alto → altísimo　　　　　fácil → facilísimo
Este coche es carísimo.　　Muchísimas gracias.

Ya hemos empezado la fiesta de Navidad.

クリスマスイブにディエゴから誘われたエリカは、得意料理を持ってディエゴの
留学生寮に遊びに行きます。

[En la residencia de estudiantes extranjeros]

Erika : ¡Diego! He preparado unas comidas japonesas riquísimas
para ti: *futomaki* y pollo en salsa *teriyaki*.

Diego : Muchas gracias. Pasa, pasa.
Ya hemos empezado la fiesta de Navidad.

Erika : ¡Oye! ¿Por qué estáis cenando?

Diego : ¿Eh? La Navidad se pasa en familia o con los amigos, ¿verdad?

Erika : ¡No! En Japón la Navidad se pasa en pareja.

☆   ☆   ☆

[Todos se divierten comiendo y cantando, excepto Erika...]

Diego : ¡Erika! ¿Qué estás haciendo?

Erika : ¡Ya me voy!

Diego : ¿Has visto la iluminación navideña? ¡Vamos!, ¿no?

Erika : ¡Fantástico! ¡Eres un chico muy romántico!

Para comunicarse

Navidad　クリスマス　🌸Nochebuena　クリスマスイブ（p.91〜95 スペイン語圏と日本の年末年始を参照）
futomaki y pollo en salsa *teriyaki*　（p.98 と p.99 にスペイン語のレシピあり）
Pasa, pasa.　入って、入って。
excepto　〜を除いて
¡Ya me voy!　もう帰るわ！
¡Vamos!, ¿no?　一緒に行くよね？

Ejercicios

1. 主語に合わせて（　　）の動詞を現在進行形にしましょう。

   ① Nosotros (estudiar   ) español en la universidad.

   ② El niño (correr   ) por el parque.

   ③ Yo (leer   ) un libro.

   ④ ¿Qué (hacer   ) vosotros?

   ⑤ Los turistas (comprar   ) muchos recuerdos en la torre Sky Tree.

2. 主語に合わせて（　　）の動詞を現在完了形にしましょう。

   ① Ellos no (probar   ) el *hiya-jiru* de Miyazaki todavía.

   ② Nosotros no (entender   ) la pregunta.

   ③ ¿(Escribir   ) tú el informe?

   ④ Yo (bailar   ) la danza *Awaodori* una vez.

   ⑤ ¿Ya (ir   ) vosotros al Parque de la Paz de Nagasaki?

3. スペイン語にしましょう。

   ① 今、雨がザーザー降っています。※雨がザーザー降る llover muchísimo

      →

   ② テレビを見ながら食べます。

      →

   ③ やっと、（私たちは）勝ちました。※やっと por fin, 勝つ ganar

      →

Un poquito más ⑥

「ニコニコ笑う」や「雨がザーザー降る」のように日本語には、オノマトペがたくさんあります。スペイン語はオノマトペが少ない言語です。「ワンワン」は「guau guau」、「ニャオ」は「miau」、「コケコッコー」は「quiquiriquí」、「ピィピィ」は「pío pío」です。しかし、「デートがあるのでドキドキしています」は「Estoy nervioso porque tengo una cita con una chica」となります。「ピンポーン」は「ding dong」、「ガチャーン」は「crash」、銃声や爆発音の「バン」は「pum」というようにスペイン語では、日本語の有声音は無声音に、逆に無声音は有声音になると言われています。無声音のほうが強い響きに感じられるようです。人を叩くときに、「パーン」「プーン」という音になると強く叩かれた感じはしませんね。

50

Práctica

1. Utiliza algunas palabras del recuadro, y practica en parejas siguiendo el ejemplo.
   例にならって、ペアで会話をしましょう。

   nunca   todavía   una vez   dos veces   muchas veces

   Ej.: ¿Has viajado a Iwate?   → Sí, he viajado a Iwate una vez.
   → No, no he viajado a Iwate nunca.

   ① ¿Has visto alguna vez un OVNI?
   ② ¿Has bailado salsa?
   ③ ¿Has comido comida mexicana?
   ④ ¿Has corrido una maratón?
   ⑤ ¿Has jugado al *shogi*?

2. Comprensión auditiva. Completa los espacios en el orden numérico correspondiente.   **57**
   これから読まれる内容に当てはまる絵を、聞いた順番に1〜4の番号を（　）に入れましょう。

   (　　)　　　　(　　)　　　　(　　)　　　　(　　)

3. El juego de los gestos. Imita las acciones con gestos, y que tu compañero/ra adivine.
   ①〜⑦の動作から一つ選び、選んだ動作をあなたの会話の相手にジェスチャーで伝えましょう。
   そして、例にならって、どの動作をジェスチャーしているのかを相手に尋ねて、当ててもらい
   ましょう。ペアで同様のことを交互に繰り返しましょう。
   Ej.: ¿Qué estoy haciendo yo?　→ Tú estás cantando.

   Ej.　　　① jugar al béisbol　② pescar　③ beber
   ④ conducir un coche　⑤ comer　⑥ leer* el periódico　⑦ dormir* en clase
   *irregulares

51

Lección

12

Gramática

① 点過去「〜した」完結した出来事や行為を表す

規則活用

hablar		**com**er		**viv**ir	
habl**é**	habl**amos**	com**í**	com**imos**	viv**í**	viv**imos**
habl**aste**	habl**asteis**	com**iste**	com**isteis**	viv**iste**	viv**isteis**
habl**ó**	habl**aron**	com**ió**	com**ieron**	viv**ió**	viv**ieron**

注意が必要な動詞

empezar (empecé, empezaste, ...)   sacar (saqué, sacaste, ...)

ver (vi, viste, vio, vimos, visteis, vieron)   llegar (llegué, llegaste, ...)

leer (leí, leíste, leyó, leímos, leisteis, leyeron)

その他の不規則動詞の活用は p.86-89 を参照。

Basho Matsuo escribió *Sendas de Oku* en la Era de Edo.

Anoche me invitaron a la fiesta.

② 線過去「〜していた、〜なのだが」

継続中の行為、習慣、完結しなかった行為、婉曲的な言い回しを表す

規則活用

hablar		**com**er		**viv**ir	
habl**aba**	habl**ábamos**	com**ía**	com**íamos**	viv**ía**	viv**íamos**
habl**abas**	habl**abais**	com**ías**	com**íais**	viv**ías**	viv**íais**
habl**aba**	habl**aban**	com**ía**	com**ían**	viv**ía**	viv**ían**

不規則活用

ser (era, eras, era, éramos, erais, eran)

ir (iba, ibas, iba, íbamos, ibais, iban)

ver (veía, veías, veía, veíamos, veíais, veían)

Cuando yo era niña, no comía tomates.

Quería hacerte un regalo.

③ 点過去と線過去

Nobunaga Oda tenía 49 años, cuando murió en el incidente de *Honno-ji*.

Cuando yo estaba en Japón, trabajaba como enfermera.

Cuando llegué a casa, mi madre salía de compras.

○● Me metí en las aguas termales. ●○

ディエゴは冬休みに群馬に行きました。その旅行についてカイトに語ります。

[En una taberna]

Kaito : ¿Cómo pasaste las vacaciones de invierno?

Diego : ¡Bien, bien! Fui a Gunma.

Kaito : ¿Qué hiciste allí?

Diego : Me quedé en un *ryokan*, me metí en las aguas termales,
esquié...

Kaito : ¿Qué tal el clima?

Diego : Cuando llegué hacía muchísimo frío.
Y al día siguiente empezó a nevar, así que
comí el *okkirikomi*. Estaba muy bueno.

Kaito : ¿Te gustó el viaje?

Diego : No, no me gustó... sino me encantó, porque además pude ver
la primera salida de sol del año. ¡Fue impresionante!

Para comunicarse

ryokan = hotel estilo japonés

meterse en las aguas termales　温泉に入る

empezar a + 不定詞　～し始める　❀terminar de + 不定詞　～し終える

así que + 直説法　だから～／したがって～

okkirikomi　(p.101 にスペイン語のレシピあり)

no ～, sino ～　～ではなくて～である

además　その上

la primera salida de sol del año　初日の出

Ejercicios

1. 主語に合わせて（　　）の動詞を点過去にしましょう。

① Kaito (practicar) fútbol el fin de semana pasado.

② Nosotros (conocer) a su novia hace dos meses.

③ ¿Cuándo (escribir) tú este *haiku*?

④ Ayer ellos no (leer) el horóscopo.

⑤ ¿A qué hora (acostarse) vosotros anoche?

2. スペイン語にしましょう。

① 私は子供の頃、そろばんを習っていました。　※そろばん el ábaco

→

② 当時私たちは、スペインに住んでいました。　※当時 en aquel tiempo

→

③ 森さんにお会いしたいのですが…。

→

3. （　　）の動詞を、点過去または線過去に活用させましょう。

① Cuando Pablo (llegar) a su casa, sus hijos (dormir).

② Yo (tener) 15 años cuando (conocer) a Carmen.

③ Mientras nosotras (charlar), ellos (ver) la lucha de *Sumo*.

Patrimonios de la Humanidad ⑥

59

Cúpula de la Bomba Atómica（原爆ドーム・広島県）
El 6 de agosto de 1945, en la ciudad de Hiroshima cayó la bomba atómica, quedando en pie sólo la cúpula central de este edificio. Junto a otros monumentos ubicados en el Parque Conmemorativo de la Paz simbolizan el no repetir la tragedia a las generaciones futuras.

1945 年 8 月 6 日、広島市に原爆が投下されました。しかし、原爆ドームの中央だけは破壊を免れました。この建物は平和記念公園にある他のモニュメントと共に、原爆の悲劇を再び繰り返さないことを次世代に伝えています。

Práctica

1. Practica en parejas. Pregúntale a tu compañero sobre su vida.

例にならって、ペアで会話をしましょう。

Ej.: ¿Dónde naciste? → Nací en Fukushima.

① ¿Dónde naciste? →

② ¿En qué año naciste? →

③ ¿Fuiste a la guardería? →

④ ¿En qué escuela primaria estudiaste? →

⑤ ¿Practicaste algún deporte en la escuela secundaria? →

2. Comprensión auditiva. Escucha y completa la biografía de Akira Kurosawa.

60

音声を聞き、空欄を埋めましょう。

Akira Kurosawa ①_____ un director de cine japonés muy famoso. ②_____ el 23 de marzo de 1910. Su debut como director ③_____ en el año 1943. Su primera película ④_____ Sugata Sanshiro. En español la película ⑤_____ La Leyenda del Gran Judo. En el año 1990, este gran director de cine japonés, ⑥_____ un Óscar por su trayectoria en el mundo del cine. Akira Kurosawa ⑦_____ el 6 de septiembre de 1998.

3. Apoyándote en los dibujos explica a tu compañero/ra lo que Diego hizo ayer, anteayer y la semana pasada. Puedes utilizar otras palabras.

昨日、一昨日、先週のディエゴの行動を想像して、例にならってペアで説明し合いましょう。文に使用する単語は自由ですが、少なくとも必ず1つは下記の単語から選びましょう。

Ej.: ¿Qué hizo Diego ayer? → Ayer Diego comió un helado en la playa.

① ¿Qué hizo Diego ayer? →

② ¿Qué hizo Diego anteayer? →

③ ¿Qué hizo Diego la semana pasada? →

revista　　cine　　playa　　hamburguesa

helado　　libro　　hospital　　guía de viajes

e-mail　　chocolate　　tarta　　universidad

Gramática

❶ 未来形「〜するだろう、〜だろうか」

規則活用

	hablar	**com**er	**viv**ir
yo	hablaré	comeré	viviré
tú	hablarás	comerás	vivirás
él/ella/usted	hablará	comerá	vivirá
nosotros/nosotras	hablaremos	comeremos	viviremos
vosotros/vosotras	hablaréis	comeréis	viviréis
ellos/ellas/ustedes	hablarán	comerán	vivirán

不規則活用

	haber, querer, saber, caber	poner, tener, salir	decir
	poder	**venir**	**hacer**
yo	podré	vendré	haré
tú	podrás	vendrás	harás
él/ella/usted	podrá	vendrá	hará
nosotros/nosotras	podremos	vendremos	haremos
vosotros/vosotras	podréis	vendréis	haréis
ellos/ellas/ustedes	podrán	vendrán	harán

① 未来を表します。　　Te escribiré un e-mail después.
② 推量を表します。　　¿Qué hora es? — Serán las once. No tengo reloj.

❷ 過去未来形「〜しただろう、〜なのだが」

規則活用*

	hablar	**com**er	**viv**ir
yo	hablaría	comería	viviría
tú	hablarías	comerías	vivirías
él/ella/usted	hablaría	comería	viviría
nosotros/nosotras	hablaríamos	comeríamos	viviríamos
vosotros/vosotras	hablaríais	comeríais	viviríais
ellos/ellas/ustedes	hablarían	comerían	vivirían

*不規則動詞の種類と語根の不規則は、未来形の場合と同じ：podría vendría haría

① 過去から見た未来を表します。　Ella creía que Diego ya no estudiaría más.
② 婉曲を表します。　　　　　　　¿Podría hablar con la secretaria?

56

Regresaré pronto a Argentina.

間もなく日本での留学生活を終えるディエゴは、今後のことについて、アルゼンチンの
お母さんと電話で話します。

[Hablando por teléfono con su mamá]

Mamá　: ¿Volverás a casa en marzo?

Diego　: Sí, regresaré pronto a Argentina.

Mamá　: Por fin, terminarás la carrera. ¡Qué alegría!

Diego　: Pues... creo que no.

Mamá　: ¿No?

Diego　: Me gustaría estudiar más sobre Japón.

Mamá　: ¿Qué? ¿Trabajarás en el futuro en Argentina o en Japón?

Diego　: No podría decirlo ahora.

Mamá　: ¡Diego! Cuando saliste de acá me dijiste que ayudarías en
el negocio de tu padre. ¿Lo recuerdas?

Diego　: Sí, sí... mamá. Te llamaré otro día.

Para comunicarse

volver = regresar	
pronto	すぐに
por fin	ついに／とうとう
terminar la carrera	大学を卒業する
¡Qué alegría!	わぁ、嬉しい！
Pues...	えーっと
creo que no	そうではないと思います。　✽Creo que sí. そう思います。
en el futuro	今後／将来
acá（中南米）= aquí	
ayudar en ～	～を手伝う　✽人に対しては ayudar a + 人

57

Ejercicios

1. 主語に合わせて（　　　）の動詞をを未来形にしましょう。

   ① Erika (preparar　　　　　　　　　) un plato japonés.

   ② Mis padres (poder　　　　　　　　　　) venir a mi ceremonia de graduación.

   ③ ¿Cuándo (ir　　　　　　　) tú a Sendai?

   ④ ¿Qué (hacer　　　　　　　) vosotros mañana?

   ⑤ Nosotros (casarse　　　　　　　　) el próximo mes.

2. 主語に合わせて（　　　）の動詞を過去未来形にしましょう。

   ① José dijo que él no (comer　　　　　　　　　) en casa.

   ② Pensé que vosotros (comprar　　　　　　　　　　) un coche económico.

   ③ Mamá, ¿ (poder　　　　　　　　) yo salir con María hoy?

3. スペイン語にしましょう。

   ① 彼らは別府温泉に行くでしょう。

   　　→

   ② 彼は授業に来るのかなぁ？　　※授業に a la clase

   　　→

   ③ （私は）あなたの車を使うことはできるでしょうか？　　※使う usar

   　　→

Un poquito más ⑦

電話の呼びかけに対する返答は、Hola (Argentina)、Aló (Perú)、Bueno (México)、Dígame (España) など、同じスペイン語圏でも異なります。日本では、明治時代に電話が開通された当初、高級官僚や実業家などしか電話を持っていなかったようで、「おいおい」と呼びかけ、「はい、ようござんす」と返答されていたということです。ちなみに「もしもし」は、相手に呼びかける語の「もし」（「申し（もうし）」の転じたもの）を二回繰り返したものが語源だと言われています。「もしもし」が使われるようになったのは、中継ぎをしていた電話交換手が、つなぐ相手に失礼とならないように「申しあげます」と言っていたことによるそうです。日本語と同様に、スペイン語にもユニークな由来があるのかもしれませんね。

1. Practica en parejas. Elige frases del cuadro y habla con tu compañero/ra sobre tus planes futuros. あなたは明日、週末、将来に何がしたいですか？①〜③の問いに対する答えを から選び、例にならってペアで会話をしましょう。

Ej.: ¿Qué harás mañana?　→ Mañana iré al cine con Antonio.

① ¿Qué harás mañana?

② ¿Qué harás el fin de semana?

③ ¿Qué harás en el futuro?

· jugar al fútbol	· estudiar para los exámenes
· trabajar en ...	· llamar por teléfono a ...
· comprar una casa	· ser funcionario/ria
· ir al cine con ...	· viajar por el mundo
· casarse con un millonario/ria	· hacer *ejercicio　*irregular

2. Comprensión auditiva: Los planes de Erika. Escucha el audio y marca con un círculo las expresiones correctas para cada oración. これから、エリカが今後のプラン（明日の行動、将来など）について語ります。語られる内容に当てはまるものに○をつけましょう。

① Mañana Erika no　estudiará　comerá　irá　en la biblioteca con Diego.

② El próximo viernes Erika　paseará　comerá　escribirá　con sus amigas en Ginza.

③ El próximo año Erika viajará a　Australia　Argentina　Asturias　con sus padres.

④ En el futuro Erika comprará　un colchón　un coche　un cochinillo　muy caro.

3. Juego. Siguiendo el ejemplo, busca las palabras en la SOPA DE LETRAS. 例にならって、クロスワードパズルを完成させましょう。

ↄↄↄ　　　ↄↄↄ　　　ↄↄↄ

Ej: yo (vivir) → viviré

·yo (comer)　　　·vosotros (estar)

·nosotras (ser)　·yo (hablar)

·tú (ir)　　　　·él (abrir)

·ellas (recibir)　·yo (leer)

·nosotros (escribir)

j	v	a	n	n	a	n	e	s	g	á
n	o	i	b	á	b	o	s	i	z	r
b	h	o	v	r	m	x	c	é	u	a
z	a	b	r	i	r	á	r	r	b	i
e	b	m	i	b	r	e	i	d	i	d
t	l	á	e	i	c	é	b	n	s	u
w	a	r	l	c	h	x	i	e	f	t
é	r	i	e	e	c	i	r	t	s	s
o	é	t	e	r	j	e	e	t	e	e
r	e	r	r	w	c	o	m	e	r	é
g	o	a	é	i	k	g	o	x	e	k
n	b	p	b	l	r	z	s	e	m	l
p	k	i	ñ	o	r	á	f	q	o	b
y	r	i	g	i	h	o	s	f	s	é
á	a	e	s	t	a	r	é	i	s	f

Lección 14

Gramática

① 条件文「もし～ならば、～だ」

① 現実的：si + 直説法現在，直説法現在または未来

Si tengo tiempo, te ayudaré.

② 非現実的（現在／未来）：si + 接続法過去*，過去未来

Si tuviera tiempo, te ayudaría.

③ 非現実的（過去）：si + 接続法過去完了*，過去未来完了*

Si hubiera tenido tiempo, te habría ayudado.

* p71, 72 を参照。

② 肯定命令文「～して」

① tú/vosotros：命令形は tú と vosotros のみです。*

	hablar	**comer**	**escribir**
tú	habl**a**	com**e**	escrib**e**
vosotros/tras	habla**d**	come**d**	escribi**d**

Estudia más.　　Ponte** la chaqueta.　　Levantaos.**　　Escríbeme.***

* tú の命令：三人称単数の現在形と同形である。しかし、一部の動詞は不規則である。

decir → di　hacer → haz　ir → ve　poner → pon　tener → ten　salir → sal　venir → ven

vosotros の命令：不定形の語尾 -r を取り -d を付ける。不規則はない。

** 再帰代名詞は動詞の語尾につける。また os を語尾につけると -d は消える。Levantad̶os.

*** 目的格人称代名詞は、動詞の語尾につける。

② usted/nosotros/ustedes：接続法現在*を使用します。

	hablar	**comer**	**escribir**
usted	habl**e**	com**a**	escrib**a**
nosotros/tras**	habl**emos**	com**amos**	escrib**amos**
ustedes	habl**en**	com**an**	escrib**an**

Hable despacito.　　Dígame.　　Marchémonos.***

* 接続法現在の活用は p.69 の ⑥ を参照。

** nosotros の命令文は、vamos a ～「～しましょう」の方が一般的である。

*** 再帰代名詞 nos と連結すると -s が消える。Marchémos̶nos.

③ 否定命令文「～しないで」：No + 接続法現在

No corras.　　No te acuestes tarde.　　No lo digas.

○● ¡Ven a visitarme! ●○

アルゼンチンへの帰国の日、ディエゴは、空港でエリカとの別れを惜しんでいます。

63

[En el aeropuerto]

Erika : Si no regresas pronto, me olvidaré de ti.

Diego : Bueno, bueno, Erika... ¡Cálmate!

¡Ven a visitarme a Buenos Aires, eh!

Erika : Estudia mucho, y continúa practicando

kárate porque estás un poco gordo.

Diego : ¿Cómo?

Tú, lee más libros en español y no comas tantos dulces.

Erika : ¿Qué dices? ¡Cállate!

☆　　　　　☆　　　　　☆

Diego : Erika, escríbeme. Te echaré de menos.

Erika : Diego... ¡No te vayas! Dime que vas a quedarte en Japón.

Diego : No llores. No te preocupes...

Para comunicarse

olvidarse + de	〜を忘れてしまう
Bueno, bueno,	まあまあ、
¡Cálmate!	落ち着いて！
continuar + 現在分詞	〜し続ける
¡Cállate!	黙りなさい！
Te echaré de menos.	君がいないと寂しくなるよ。
¡No te vayas!	行かないで！
No te preocupes...	心配しないで...

Ejercicios

1. 日本語の文に合うように【　　】の語を並べ替えましょう。

① もし天気が良ければ、私が君を皇居に連れて行きます。
【hace, te, al Palacio Imperial, Si, llevaré, buen tiempo】
→

② もし私たちは時間があったら、熊野古道に行くだろう。
【iríamos, tiempo, tuviéramos, al Camino de Kumano, Si】
→

③ もしエリカはディエゴに出会わなかったら、アルゼンチンを訪れなかっただろう。
【no, Argentina, Erika, habría visitado, Si, hubiera conocido, a Diego, no】
→

2. [主語]に合わせて、(　　)の動詞を命令形にしましょう。

① (Hablar　　　　　　　) con ella.　　　　　　　　　　　[vosotros]
② (Subir　　　　　　　) por aquí.　　　　　　　　　　　[tú]
③ (Leer　　　　　　　) esta novela hasta la próxima semana.　[vosotros]
④ (Tener　　　　　　　) cuidado.　　　　　　　　　　　[tú]
⑤ (Levantarse　　　　　　　) ya.　　　　　　　　　　　[vosotros]

3. スペイン語にしましょう。

① ここに座りましょう。　※座る sentarse
→

② ディエゴ、急いで！　※急ぐ darse prisa
→

③ 君たち、遅刻しないで。　※遅刻する llegar tarde
→

Patrimonios de la Humanidad ⑦

Castillo de Shurijo（首里城・沖縄県）
Este castillo se construyó en Shuri, centro político durante el Reino Ryukyu.
Tiene un estilo arquitectónico que fusiona las culturas de Japón y China,
porque existía un intercambio cultural activo con Asia Oriental.
首里城は琉球王国時代の政治の中心地であった首里に築かれました。東アジアとの文化交流を盛んに行っていたことから、城は日本と中国の築城文化を融合させた独特の建築様式を持ちます。

64

Práctica

1. Practica en parejas siguiendo el ejemplo.

例にならって、①～⑤に状況に対して、自由に助言しましょう。

Ej.: Tengo dolor de estómago. → Toma una medicina.

① Tengo frío. →

② He perdido mi pasaporte. →

③ ¿Cómo voy a la Ruta Alpina Tateyama Kurobe? →

④ Tendré exámenes finales la próxima semana. →

⑤ Iré a España este año. →

2. Comprensión auditiva. Escucha con atención y marca con un círculo la explicación adecuada al dibujo.

65

これから読まれるものは、どれについて説明していますか？正しいイラストを○で囲みましょう。

①   (A)   (B)   ②   (A)   (B)

3. Dibuja según las indicaciones que te dará tu profesor/ra. Al final compara tu dibujo con el de tu compañero/ra de la clase.

1) ○、△、□、－ をスペイン語で言えるように練習しましょう。

Figuras: ○ círculo   △ triángulo   □ cuadrado   línea

2) これから先生が下記の指示を出します。先生の指示に従って、右に絵を描きましょう。

Indicaciones:

① Dibuja un círculo grande.

② Dentro de ese círculo dibuja 2 círculos pequeños.

③ Sobre los círculos pequeños dibuja 2 líneas cortas.

④ Dentro de los 2 círculos pequeños dibuja 2 círculos negros más pequeños.

⑤ Dibuja un triángulo en el centro del círculo grande.

⑥ Debajo del triángulo dibuja un cuadrado. ¿Ya has terminado?

⑦ Y ahora compara tu dibujo con el de tu compañero/ra.

Dibuja aquí

66~72

問題1　①〜⑦に当てはまる名前を、下の語群から選び（　　）に入れましょう。

① Es un polifacético personaje muy famoso del mundo del espectáculo japonés. Desde hace unos años se le conoce por dirigir películas. Algunas de sus obras más conocidas son *Ryuzo y los siete secuaces*, *Flores de Fuego* y *El Verano de Kikujiro*.

（　　　　　）

② Es un jugador de tenis profesional. El primer tenista japonés en llegar al cuarto lugar en el ranking mundial de tenis masculino. En las Olimpiadas de Río de Janeiro del 2016, ganó la medalla de bronce.

（　　　　　）

③ Es una cantante de música pop japonesa, compositora y productora musical. Es conocida como *Hikki* por sus fans japoneses. Sus canciones más populares son *First Love* (Primer Amor) y *Flavor of Life* (Sabor de la Vida).

（　　　　　）

④ Es un gato robot que ha venido del siglo XXII y ayuda a su amo con inventos futuros, como por ejemplo la puerta mágica, la máquina del tiempo y el pan de la memoria que saca de su bolsillo mágico. Tiene miedo a los ratones por un accidente.

（　　　　　）

⑤ Es un famoso escritor de cómics que se ha hecho conocido por producir películas animadas de mucho éxito. Entre sus obras más conocidas están *El viaje de Chihiro*, *El viento se levanta* y *El castillo en el cielo*.

（　　　　　）

⑥ Es un escritor, autor de novelas y relatos. Ha sido considerado candidato al Premio Nobel de Literatura en varias oportunidades. Entre sus obras famosas están *Tokio Blues*, *Bosque de Noruega* y *Kafka en la orilla*.

（　　　　　）

⑦ Es el personaje principal de una de las familias más famosas de Japón. Todos los miembros de esta familia llevan nombres relacionados con el mar, como barco, bonito, bacalao, besugo, trucha, entre otros. Nunca envejecen.

（　　　　　）

A) Kei Nishikori　　B) Haruki Murakami　　C) Doraemon　　D) Hikaru Utada

E) Takeshi Kitano　　F) Hayao Miyazaki　　G) Sazae-san

問題2　行事の名前とそれぞれの説明文を線で結びましょう。

El Año Nuevo

•

•　① Se adorna con unas tiras de tela en forma de pez carpa. Se celebra el crecimiento de los niños comiendo torta de arroz envuelta en hoja vegetal y pastel de arroz glutinoso.

Víspera del día inicial de la primavera

•

•　② Se adornan los portales de diversos lugares con un pino ornamental, una cuerda enrollada ornamental y una torta de arroz. Se celebra comiendo un tipo de sopa japonesa que lleva tortas de arroz y verduras, además se suele acompañar con una bandeja con varias comidas típicas japonesas que se conservan bastante bien sin refrigeración.

La Fiesta de las Niñas

•

•　③ Se escribe un deseo en un papel fuerte y grueso, y se amarra en alguna de las ramas de un bambú enano. Cuenta la historia que una vez al año una princesa cruza la Vía Láctea para encontrarse con su amado príncipe.

La Fiesta de los Niños Varones

•

•　④ Se celebra el regreso por 4 días de los ancestros que están en el otro mundo. Es una celebración japonesa muy antigua en la que se unen la creencia budista y las creencias antiguas.

La Festividad de las Estrellas

•

•　⑤ Se celebra la llegada del fin de año escuchando las 108 campanadas del templo y comiendo un tipo de sopa de fideos de trigo de alforfón.

El Día de los Muertos

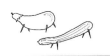

•

•　⑥ Es una celebración en la que se le tiran legumbres a una persona disfrazada de diablo diciendo: "El diablo afuera, la felicidad en casa". Se celebra con la intención de ahuyentar a los malos espíritus.

La Noche Vieja

•

•　⑦ Se adorna el lugar de celebración con unas muñecas y flores de melocotonero. Se celebra el crecimiento de las niñas bebiendo un tipo de alcohol japonés dulce y comiendo sushi.

付　録
(Apéndice)

✳ 付　録

1 文法補足

① 疑問詞

何	qué	¿**Qué** es esto?　—Es un templo budista.
なぜ	por qué	¿**Por qué** estudias español?　—Porque quiero viajar a España.
誰	quién	¿**Quién** es Diego?　—Es mi amigo argentino.
	quiénes	¿**Quiénes** son los amigos de Diego?　—Son Erika y Kaito.
どれ	cuál	¿**Cuál** es tu e-mail?　—Es diego@correo.com.ar
どんな	cómo	¿**Cómo** estás?　—Estoy muy bien, gracias.
どこ	dónde	¿**Dónde** está el jardín Kenrokuen?　—Está en Kanazawa.
いつ	cuándo	¿**Cuándo** es tu cumpleaños?　—Es el próximo sábado.
いくつ	cuánto	¿**Cúanto** es?　—Son mil yenes.
	cuánta	¿**Cuánta** gente viene a la fiesta?　—Vienen unas veinte personas.
	cuántos	¿**Cuántos** hermanos tienes?　—Tengo un hermano.
	cuántas	¿**Cuántas** clases tenéis hoy?　— Tenemos cuatro clases.

② 指示形容詞

	男性単数		男性複数		女性単数		女性複数	
この	este		estos		esta		estas	
その	ese	libro	esos	libros	esa	casa	esas	casas
あの	aquel		aquellos		aquella		aquellas	

✳名詞と性数一致する。 Esta casa es grande.

③ 指示代名詞

	男性単数	男性複数	女性単数	女性複数	中性
これ	este	estos	esta	estas	esto
それ	ese	esos	esa	esas	eso
あれ	aquel	aquellos	aquella	aquellas	aquello

Aquel es el campo de béisbol Koshien.

④ 所有形容詞（後置形）

	単数		複数	
私の	amigo	mío	amigos	míos
	amiga	mía	amigas	mías
君の	amigo	tuyo	amigos	tuyos
	amiga	tuya	amigas	tuyas
彼の、彼女の、あなたの	amigo	suyo	amigos	suyos
	amiga	suya	amigas	suyas
私たちの	amigo	nuestro	amigos	nuestros
	amiga	nuestra	amigas	nuestras
君たちの	amigo	vuestro	amigos	vuestros
	amiga	vuestra	amigas	vuestras
彼らの、彼女らの、あなた方の	amigo	suyo	amigos	suyos
	amiga	suya	amigas	suyas

✳ 名詞＋所有形容詞後置形　名詞と性数一致する。

✳ ser 動詞＋所有形容詞後置形　Este coche es mío.

⑤ 関係副詞

① **como**（方法）

Haz como te digo.

② **cuando**（時）

Yo conocí a Mónica cuando tenía 20 años.

③ **donde**（場所）

Esta es la casa donde nació Yumeji Takehisa.

6 接続法現在：規則活用

	hablar	**comer**	**vivir**
yo	hable	coma	viva
tú	hables	comas	vivas
él/ella/usted	hable	coma	viva
nosotros/nosotras	hablemos	comamos	vivamos
vosotros/vosotras	habléis	comáis	viváis
ellos/ellas/ustedes	hablen	coman	vivan

6.1 接続法現在：語根母音変化動詞

e → ie	o → ue	e → ie/i	o → ue/e	e → i
pensar	**poder**	**sentir**	**dormir**	**pedir**
piense	pueda	sienta	duerma	pida
pienses	puedas	sientas	duermas	pidas
piense	pueda	sienta	duerma	pida
pensemos	podamos	sintamos	durmamos	pidamos
penséis	podáis	sintáis	durmáis	pidáis
piensen	puedan	sientan	duerman	pidan

6.2 接続法現在：不規則活用

salir	**nacer**	**construir**
salga	nazca	construya
salgas	nazcas	construyas
salga	nazca	construya
salgamos	nazcamos	construyamos
salgáis	nazcáis	construyáis
salgan	nazcan	construyan

★ 語尾は規則活用。直説法現在一人称単数形をもとにして作る。

6.3 接続法現在：その他

estar	ser	dar	ir	haber	saber
esté	sea	dé	vaya	haya	sepa
estés	seas	des	vayas	hayas	sepas
esté	sea	dé	vaya	haya	sepa
estemos	seamos	demos	vayamos	hayamos	sepamos
estéis	seáis	deis	vayáis	hayáis	sepáis
estén	sean	den	vaya	hayan	sepan

接続法の用法

① 名詞節：主節の動詞が希望、懇願、命令、許可、提案、価値、疑惑、危惧などを表す時に、接続法が用いられます。

Espero que él **vuelva** aquí pronto.（希望）

Te **ruego** que no **gastes** mucho dinero.（懇願）

Te **pido** que no **trabajes** demasiado.（命令）

Le **permito** que **vaya** a los servicios ahora.（許可）

Te **recomiendo** que **pruebes** esta comida japonesa.（提案）

Es mejor que **descanses** un poco.（価値）

No parece que este hombre **sea** profesor.（疑惑）

Temo que él no **venga** a la fiesta de hoy.（危惧）

② 形容詞節：主節の内容が不確定、または否定されている時に、接続法が用いられます。

Busco una persona que **hable** español y japonés.

No conozco a nadie que **sea** actor.

③ 副詞節：時や目的などが不確定の時に、接続法が用いられます。

Escríbeme **cuando** me **necesites**.

Te dejo este libro **para que** **estudies** español.

7 接続法過去：規則活用

hablar	comer	vivir
hablara (-ase)	comiera (-iese)	viviera (-iese)
hablaras (-ases)	comieras (-ieses)	vivieras (-ieses)
hablara (-ase)	comiera (-iese)	viviera (-iese)
habláramos (-ásemos)	comiéramos (-iésemos)	viviéramos (-iésemos)
hablarais (-aseis)	comierais (-ieseis)	vivierais (-ieseis)
hablaran (-asen)	comieran (-iesen)	vivieran (-iesen)

7.1 接続法過去：不規則活用

ser/ir	querer	tener
fuera (-se)	quisiera (-se)	tuviera (-se)
fueras (-ses)	quisieras (-ses)	tuvieras (-ses)
fuera (-se)	quisiera (-se)	tuviera (-se)
fuéramos (-semos)	quisiéramos (-semos)	tuviéramos (-semos)
fuerais (-seis)	quisierais (-seis)	tuvierais (-seis)
fueran (-sen)	quisieran (-sen)	tuvieran (-sen)

接続法過去の用法

Mi hermano **quiso** que (yo) me comprara (-ase) el coche.

Sería mejor que él viniera (-iese) a la oficina.

Quisiera* usar tu teléfono.

✿ 直説法点過去系形の三人称の語尾 -ron を -ra (-se) に変えて作る。-ra と -se の違いはない。

* 過去未来や線過去を用いた婉曲表現と同様に、接続法過去（-ra）を使用すると丁寧になる。querer 以外には、deber と poder がある。

8 直説法過去完了：**haber** の線過去＋過去分詞

había	habíamos
habías	habíais
había	habían

+ 過去分詞

Cuando mi padre **llegó** a casa, ya habíamos terminado la cena.

⑨ **直説法未来完了：haber の未来＋過去分詞**

habré	habremos
habrás	habréis
habrá	habrán

＋ 過去分詞

Mi madre **dice** que ya habremos terminado la cena a las ocho.

⑩ **直説法過去未来完了：haber の過去未来＋過去分詞**

habría	habríamos
habrías	habríais
habría	habrían

＋ 過去分詞

Ayer mi madre **dijo** que ya habríamos terminado la cena a las ocho.

⑪ **接続法現在完了：haber の接続法現在＋過去分詞**

haya	hayamos
hayas	hayáis
haya	hayan

＋ 過去分詞

No **creo** que ya hayamos terminado la cena a las ocho.

⑫ **接続法過去完了：haber の接続法過去＋過去分詞**

hubiera	hubiéramos
hubieras	hubierais
hubiera	hubieran

＋ 過去分詞

No **creía** que ya hubiéramos terminado la cena a las ocho.

＊ 過去分詞は **p.48** を参照。

HABLAR

直説法 (Modo Indicativo)

- 現在 **(presente)**
  Yo hablo con Diego.

- 点過去 **(pretérito perfecto simple / pretérito indefinido)**
  Yo hablé con Diego ayer.

- 線過去 **(pretérito imperfecto)**
  Yo hablaba con Diego cuando era niño.

- 未来 **(futuro simple)**
  Yo hablaré con Diego mañana.

- 過去未来 **(condicional simple)**
  Yo te dije que hablaría con Diego anoche.

- 現在完了 **(pretérito perfecto compuesto)**
  Yo he hablado con Diego una vez.

- 過去完了 **(pretérito pluscuamperfecto)**
  Yo nunca había hablado con Diego hasta entonces.

- 未来完了形 **(futuro compuesto)**
  Yo habré hablado con Diego hasta las nueve.

- 過去未来完了形 **(condicional compuesto)**
  Yo te **dije** que habría hablado con Diego hasta las nueve.

接続法 (Modo Subjuntivo)

- 現在 **(presente de subjuntivo)**
  Diego **teme** que yo hable sobre Erika con su madre.

- 過去 **(pretérito imperfecto de subjuntivo)**
  Diego **temía** que yo hablara (-ase) sobre Erika con su madre.

- 現在完了 **(pretérito perfecto de subjuntivo)**
  Diego **teme** que yo haya hablado sobre Erika con su madre esta tarde.

- 過去完了 **(pretérito pluscuamperfecto de subjuntivo)**
  Diego **temía** que yo hubiera hablado sobre Erika con su madre.

直説法 (Modo Indicativo)

- 現在 (presente)
  Yo como comida japonesa.

- 点過去 (pretérito perfecto simple / pretérito indefinido)
  Yo comí comida japonesa ayer.

- 線過去 (pretérito imperfecto)
  Yo comía comida japonesa cuando era niño.

- 未来 (futuro simple)
  Yo comeré comida japonesa mañana.

- 過去未来 (condicional simple)
  Yo te dije que comería comida japonesa anoche.

- 現在完了 (pretérito perfecto compuesto)
  Yo he comido comida japonesa una vez.

- 過去完了 (pretérito pluscuamperfecto)
  Yo nunca había comido comida japonesa hasta entonces.

- 未来完了形 (futuro compuesto)
  Yo habré comido hasta las tres.

- 過去未来完了形 (condicional compuesto)
  Yo te **dije** que habría comido hasta las tres.

接続法 (Modo Subjuntivo)

- 接続法現在 (presente de subjuntivo)
  Diego **teme** que yo coma demasiado.

- 接続法過去 (pretérito imperfecto de subjuntivo)
  Diego **temía** que yo comiera (-iese) demasiado.

- 接続法現在完了 (pretérito perfecto de subjuntivo)
  Diego **teme** que yo haya comido demasiado.

- 接続法過去完了 (pretérito pluscuamperfecto de subjuntivo)
  Diego **temía** que yo hubiera comido demasiado.

VIVIR

直説法 (Modo Indicativo)

- 現在 (presente)
  Yo vivo en Japón.

- 点過去 (pretérito perfecto simple / pretérito indefinido)
  Yo viví en Japón el año pasado.

- 線過去 (pretérito imperfecto)
  Yo vivía en Japón cuando era joven.

- 未来 (futuro simple)
  Yo viviré en Japón en el futuro.

- 過去未来 (condicional simple)
  Yo te dije que viviría en Japón.

- 現在完了 (pretérito perfecto compuesto)
  Yo he vivido en Japón unos años atrás.

- 過去完了 (pretérito pluscuamperfecto)
  Yo nunca había vivido en Japón hasta entonces.

- 未来完了形 (futuro compuesto)
  Yo habré vivido en Japón durante 10 años.

- 過去未来完了形 (condicional compuesto)
  Yo te dije que habría vivido en Japón hasta después de jubilarme.

接続法 (Modo Subjuntivo)

- 接続法現在 (presente de subjuntivo)
  Diego teme que yo viva solitariamente.

- 接続法過去 (pretérito imperfecto de subjuntivo)
  Diego temía que yo viviera (-iese) solitariamente.

- 接続法現在完了 (pretérito perfecto de subjuntivo)
  Diego teme que yo haya vivido solitariamente muchos años.

- 接続法過去完了 (pretérito pluscuamperfecto de subjuntivo)
  Diego temía que yo hubiera vivido solitariamente.

3 語彙

① 基数詞　Los números

0　cero	16 dieciséis	31 treinta y uno	100 cien [ciento]
1　uno (un, una)	17 diecisiete	32 treinta y dos	200 doscientos/as
2　dos	18 dieciocho	33 treinta y tres	300 trescientos/as
3　tres	19 diecinueve	34 treinta y cuatro	400 cuatrocientos/as
4　cuatro	20 veinte	35 treinta y cinco	500 quinientos/as
5　cinco	21 veintiuno /-ún/-una	36 treinta y seis	600 seiscientos/as
6　seis	22 veintidós	37 treinta y siete	700 setecientos/as
7　siete	23 veintitrés	38 treinta y ocho	800 ochocientos/as
8　ocho	24 veinticuatro	39 treinta y nueve	900 novecientos/as
9　nueve	25 veinticinco	40 cuarenta	1 000 mil
10 diez	26 veintiséis	50 cincuenta	2 000 dos mil
11 once	27 veintisiete	60 sesenta	3 000 tres mil
12 doce	28 veintiocho	70 setenta	10 000 diez mil
13 trece	29 veintinueve	80 ochenta	100 000 cien mil
14 catorce	30 treinta	90 noventa	1 000 000 un millón
15 quince			

② 序数詞　Los números ordinales

第1 primero	第2 segundo	第3 tercero	第4 cuarto	第5 quinto
第6 sexto	第7 séptimo	第8 octavo	第9 noveno	第10 décimo

★primero と tercero は男性単数名詞の前で、primer, tercer となる。

③ 月　Los meses

1月 enero	2月 febrero	3月 marzo	4月 abril
5月 mayo	6月 junio	7月 julio	8月 agosto
9月 septiembre	10月 octubre	11月 noviembre	12月 diciembre

¿A cuántos estamos hoy? — Estamos a 13 de julio.

④ 曜日　Los días

月 lunes	火 martes	水 miércoles	木 jueves	金 viernes
土 sábado	日 domingo	週末 fin de semana		

¿Qué día es hoy? — Hoy es domingo.

⑤ 国名と国籍　Los países y las nacionalidades

日本［人］Japón [japonés/sa]　中国［人］China [chino/na]　韓国［人］Corea [coreano/na]
スペイン［人］España [español/la]　イタリア［人］Italia [italiano/na]
ドイツ［人］Alemania [alemán/na]　アメリカ［人］Estados Unidos [estadounidense]
フランス［人］Francia [francés/sa]　アルゼンチン［人］Argentina [argentino/na]
イギリス［人］Inglaterra [inglés/sa] ペルー［人］Perú [peruano/na]
メキシコ［人］México [mexicano/na]

★男性形容詞は言語を表します。**Ej.:** el japonés 日本語

⑥ 人の特徴　Los carácteres y aspectos físicos de las personas

お金持ちの rico/ca　貧しい pobre　優しい・親切な amable
感じのよい simpático/ca　感じの悪い antipático/ca　明るい alegre　内気な tímido/da
ケチな tacaño/ña　気前のよい generoso/sa　勉強好きな estudioso/sa
真面目な serio/ria　面白い divertido/da　落ち着いた tranquilo/la
神経質な nervioso/sa　勤勉な trabajador/ra　怠け者の perezoso/sa
賢い inteligente　バカな tonto/ta　太った gordo/da　痩せた delgado/da
健康な sano/na　病気の enfermo/ma　美しい guapo/pa　可愛い bonito/ta

⑦ 形容詞　Los adjetivos

大きい grande　小さい pequeño/ña　高い alto/ta　低い bajo/ja　広い ancho/cha
狭い estrecho/cha　長い largo/ga　短い corto/ta　重い pesado/da　軽い ligero/ra
良い bueno/na　悪い malo/la　熱い caliente　冷たい frío/a　新しい nuevo/va
古い viejo/ja [antiguo/gua]　高価な caro/ra　安価な barato/ta
白 blanco/ca　黒 negro/gra　赤 rojo/ja　黄色 amarillo/lla　紫 morado/da
ピンク rosado/da　オレンジ色 naranja　緑 verde　水色 celeste　青 azul
茶色 marrón　グレイ gris　金色 dorado/da　銀色 plateado/da

⑧ 人間関係　La familia y las relaciones personales

父・母 padre/madre　息子・娘 hijo/ja　兄弟・姉妹 hermano/na
祖父・祖母 abuelo/la　孫 nieto/ta　おじ・おば tío/tía　いとこ primo/prima
夫・妻 marido/mujer（中南米 esposo/sa）　家族 familia　親戚 pariente
義兄弟・義姉［妹］cuñado/da　甥・姪 sobrino/na　彼氏・彼女 novio/via
友達 amigo/ga　仲間 compañero/ra　同僚 colega　パートナー pareja　隣人 vecino/na

⑨ 職業・身分　Los oficios y las profesiones [ocupaciones]

学生 estudiante　先生 profesor/ra　弁護士 abogado/da　公務員 funcionario/ria
社長 presidente/ta　従業員 empleado/da　事務員 oficinista　料理人 cocinero/ra
ウェイター・ウェイトレス camarero/ra　医者 médico/ca　看護師 enfermero/ra
薬剤師 farmacéutico/ca　介護福祉士 asistente social　消防士 bombero/ra
救急救命士 enfermero/ra de ambulancia　警察官 policía　俳優/女優 actor/actriz
歌手 cantante　お笑い芸人 comediante　エンジニア ingeniero/ra
プログラマー programador/ra　アナウンサー・キャスター locutor/ra
通訳者 intérprete　翻訳家 traductor/ra　デザイナー diseñador/ra
秘書 secretario/ria　政治家 político/ca　ジャーナリスト periodista
運転手 conductor/ra [chofer]　客室乗務員 azafato/ta（南米 aeromozo/za）
パイロット piloto　タクシー運転手 taxista　船長 capitán　船員 marinero/ra
スポーツ選手 deportista　サッカー選手 futbolista　野球選手 beisbolista
相撲力士 luchador de sumo　モデル modelo　作家 escritor/ra　建築士 arquitecto/ta

⑩ 体の部位　El cuerpo y sus partes

顔 cara　目 ojo　まゆ ceja　まつ毛 pestaña　耳 oreja　鼻 nariz　口 boca
歯 diente　奥歯 muela　頭 cabeza　髪 pelo　手 mano　指 dedo　爪 uña　腕 brazo
脚 pierna　足 pie　腹 barriga　腰 cadera [cintura]　首 cuello　背中 espalda
肩 hombro　胸 pecho

⑪ 住居　La vivienda

家 casa　アパート・マンション piso (南米 departamento)　中庭 patio　庭 jardín
ベランダ balcón [terraza]　ガレージ garaje　屋根 tejado [techo]　塀 cerca [valla]
ドア puerta　玄関 entrada [vestíbulo]　窓 ventana

⑫ 間取り　Las habitaciones de la vivienda

部屋 habitación [cuarto]　キッチン cocina　寝室 dormitorio　トイレ servicio
浴室 baño　居間 sala de estar (中南米 living)　廊下 pasillo [corredor]

⑬ 家の中　Los muebles y cosas del hogar

ライト luz　ベッド cama　目覚まし時計 despertador　絨毯 alfombra (中南米 tapete)
タンス armario　テーブル mesa　ソファ sofá　椅子 silla　本棚 estantería
シャワー ducha　浴槽 bañera [baño]　洗面台 lavabo　鏡 espejo　石鹸 jabón
シャンプー champú リンス acondicionador　カーテン cortina　花瓶 florero
壺 jarrón　靴箱 mueble para los zapatos　毛布 manta (南米 frazada)　枕 almohada
布団 futón　シーツ sábana　畳 *tatami*　障子 puerta corrediza empapelada
仏壇 altar budista　神棚 altar sintoísta　床の間 espacio sagrado en la sala de una casa
japonesa

⑭ 家電　Los electrodomésticos

掃除機 aspiradora　プリンター impresora　洗濯機 lavadora　食洗機 lavaplatos
電子レンジ microondas　冷蔵庫 nevera [frigorífico]　アイロン plancha
パソコン ordenador [computadora]　DVD プレーヤー reproductor de DVD
乾燥機 secadora　ドライヤー secadora de cabello　電話機 teléfono　ラジオ radio
テレビ televisor　トースター tostador　扇風機 ventilador　エアコン aire acondicionado
リモコン mando (a distancia) [control remoto]

⑮ IT 関連用語　Términos de Tecnología Informática

キーボード teclado　ディスプレイ pantalla　ノートパソコン ordenador portátil
プリンター impresora　マウス ratón　モニター monitor　USB メモリー memoria USB
アイコン ícono　アカウント cuenta　アットマーク arroba　アドレス dirección
絵文字 emoticono　エンコード codificación　カーソル cursor　検索 búsqueda
コメント comentario　サーバー servidor　充電する cargar
ストリーミング retransmisión　セキュリティ対策 medidas de seguridad
ソーシャルネットワーク(SNS) red social　タブレット tableta
ダウンロード descargar　チャット chatear　データベース base de datos
パスワード clave　ファイル archivo　メッセージ mensaje　ユーザー usuario
リンク enlace　人工知能(AI) inteligencia artificial

⑯ 街中　La ciudad

エレベーター ascensor (南米 elevador)　市役所 ayuntamiento (南米 municipalidad)
銀行 banco　銭湯 baño público　図書館 biblioteca　大聖堂 catedral
公民館 centro cívico　商店街 centro comercial　映画館 cine　郵便局 correos
エスカレーター escalera mecánica　駅 estación　ジム gimnasio　病院 hospital
警察署 comisaría de policía　交番 puesto de policía　ホテル hotel　教会 iglesia
庭園 jardín　自動販売機 máquina expendedora　記念塔 monumento　美術館 museo
バス停 parada de autobús　公園 parque　広場 plaza　寺 templo budista
神社 templo sintoísta　入口 entrada　出口 salida　地下鉄 metro

⑰ 通り　Las calles

通り calle　大通り avenida　交差点 cruce　橋 puente　高速道路 autopista
道路 ruta　国道 ruta nacional　車道 calle [calzada]　歩道 acera　信号 semáforo
横断歩道 paso de peatones　道 camino　歩行者専用（道路）peatonal

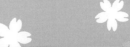

⑱ 飲食店　Los restaurantes

喫茶店 cafetería　レストラン restaurante　ファミレス restaurante familiar　バル bar
居酒屋 taberna　フードコート patio de comidas　屋台 puesto [caseta] de comida

⑲ 買い物　Las compras

店 tienda　レンタルショップ tienda de alquiler　100円ショップ tienda de 100 yenes
家電量販店 tienda de electrodomésticos　市場 mercado　スーパー supermercado
コンビニ tienda de conveniencia [mini-supermercado]　本屋 librería
デパート grandes almacenes　ショッピングセンター centro comercial　お金 dinero
ATM cajero automático　クレジットカード tarjeta de crédito　おつり vuelta [vuelto]
バーゲン rebaja　両替 cambio　ディスカウント descuento　レジ caja
プリペイドカード tarjeta de prepago　電子マネー dinero electrónico　札 billete
小銭 cambio [moneda]　レシート recibo (中南米 boleta)　ポイントカード tarjeta de puntos
ポイントを貯める acumular puntos　切符売り場 taquilla (南米 boletería)

⑳ 魚・シーフード　Los pescados y mariscos

魚 pescado　シーフード mariscos　マグロ atún　サケ salmón　イワシ sardina
タラ bacalao　メルルーサ merluza　鯛 besugo　タコ pulpo　イカ calamar
甲イカ sepia　ムール貝 mejillón　アサリ almeja　いくら caviar rojo
うに erizo de mar　蟹 cangrejo　牡蠣 ostra　かまぼこ pasta de pescado
とろ atún graso　サバ caballa　サンマ paparda del Pacífico

㉑ 野菜　Las verduras

野菜 verdura　トマト tomate　レタス lechuga　タマネギ cebolla　大根 nabo
にんじん zanahoria　ジャガイモ patata (南米 papa)　アボカド aguacate (南米 palta)
もやし brotes de soja　きゅうり pepino　ピーマン pimiento　キャベツ repollo [col]
白菜 col china

㉒ 肉　Las carnes

肉 carne　牛 vaca　豚 cerdo　羊 cordero　鶏 pollo　馬 caballo

㉓ フルーツ　Las frutas

フルーツ fruta　オレンジ naranja　リンゴ manzana　ブドウ uva　ナシ pera
イチゴ fresa　メロン melón　すいか sandía　梅 ciruela japonesa
すもも・プラム ciruela　みかん mandarina　桃 melocotón

24 お菓子・デザート　Los dulces y postres

お菓子 dulce　デザート postre　アイスクリーム helado　チョコレート chocolate
ケーキ pastel　ビスケット galleta　ガム chicle　飴 caramelo
和菓子 dulce japonés　餅 torta de arroz　煎餅 galleta de arroz
饅頭 bollo relleno de pasta de judías azucaradas　羊羹 dulce de judías

25 和食・洋食　Las comidas orientales y occidentales

和食 comida japonesa　洋食 comida occidental　パン pan　米/ご飯 arroz
漬物 verduras en salmuera　梅干 ciruela japonesa encurtida [ciruela japonesa en salmuera]　和え物 verduras hervidas con salsa　スープ sopa　みそ汁 sopa de miso
ラーメン ramen [tallarín chino]　定食 menú [plato] del día

26 ファーストフード　Las comidas rápidas

ファーストフード comidas rápidas　ホットドッグ perrito caliente
サンドイッチ sandwich　フランスパンのサンドイッチ bocadillo
ハンバーガー hamburguesa　フレンチフライ patatas fritas (南米 papas fritas)
フライドチキン pollo frito

27 調味料　Los condimentos

砂糖 azúcar　塩 sal　酢 vinagre　油 aceite　バター mantequilla　ケチャップ ketchup
マヨネーズ mayonesa　ソース salsa　醤油 salsa de soja　味噌 pasta de soja
ゴマ油 aceite de sésamo　みりん sake dulce (para condimentar)
わさび rábano picante japonés　しょうが jengibre　ニンニク ajo　昆布・海苔 alga
かつおぶし bonito seco　ごま sésamo

28 食器・食材　Los platos y los cubiertos

皿 plato　カップ taza　グラス copa　コップ vaso　スプーン cuchara　箸 palillos
割り箸 palillos desechables　ナイフ cuchillo　フォーク tenedor　ティースプーン cucharita　爪楊枝 mondadientes (南米 escarbadientes)　おしぼり toallita refrescante

㉙ 飲み物　Las bebidas

水 agua　コーヒー café　紅茶 té　緑茶 té verde　牛乳 leche　ジュース zumo [jugo]
コーラ cola　日本酒 sake　焼酎 aguardiente　チューハイ cóctel con aguardiente
梅酒 licor de ciruela　サングリア sangría　ビール cerveza　ワイン vino
炭酸飲料 bebida gaseosa　清涼飲料水 refresco

㉚ 味覚　Los gustos

美味しい bueno/na [sabroso/sa, delicioso/sa, rico/ca]　味のない[まずい] soso/sa
甘い dulce　苦い amargo/ga　酸っぱい ácido/da [agrio/gria]　甘酸っぱい agridulce
塩辛い salado/da　ピリ辛の picante

㉛ 学用品　Los materiales escolares

鉛筆 lápiz　シャープペン lapicero [portaminas]　ボールペン bolígrafo
ホッチキス grapadora　消しゴム goma de borrar　のり pegamento　定規 regla
はさみ tijeras　黒板 pizarra　チョーク tiza　黒板消し borrador

㉜ 乗り物　Los medios de transporte

自動車 coche (南米 carro)　電車 tren　路面電車 tranvía　モノレール monorraíl
地下鉄 metro (南米 subte)　新幹線 tren de alta velocidad [tren bala]　タクシー taxi
バス autobús　自転車 bicicleta　バイク moto　船 barco　フェリー ferry
飛行機 avión　救急車 ambulancia　パトカー patrullero　消防車 coche de bomberos

㉝ 方角・方向　Los puntos cardinales, adverbios de lugar

北 norte　南 sur　東 este　西 oeste　上 arriba　下 abajo
前 delante　後 detrás　左 izquierda　右 derecha　突き当たり al fondo
ここ aquí (南米 acá)　そこ ahí　あそこ allí (南米 allá)

㉞ 季節　Los estaciones del año

春 primavera　　　夏 verano　　　秋 otoño　　　冬 invierno

¿En qué estación del año estamos? — Estamos en invierno.

㉟ 天気の表現　Las expresiones del tiempo

hace : 良い天気 buen tiempo　悪い天気 mal tiempo　暑い calor　寒い frío
涼しい fresco　蒸し暑い bochorno (humedad)　太陽 sol　風 viento

está : 曇 nublado　晴れ despejado　太陽がある soleado

hay : 嵐 tormenta　霧 niebla　湿気 humedad

viene : 台風 un tifón　ハリケーン un huracán

雨が降る llueve (llover)　雪が降る nieva (nevar)
気温 temperatura　度 grado　零下 bajo cero
梅雨・雨季 temporada de lluvia　乾季 temporada seca

¿Qué tiempo hace hoy? — Hace fresco. / Nieva un poco. / Está despejado.

㊱ ファッション　La vestimenta

コート abrigo　水着 bañador [traje de baño]　靴下 calcetines　シャツ camisa
T シャツ camiseta　ブルゾン cazadora (南米 campera)
ジャージ chándal [ropa deportiva]　ジャケット chaqueta　スカート falda
セーター jersey [suéter]　ズボン pantalones　下着 ropa interior　スーツ traje
喪服 traje de luto　ドレス vestido　ベルト cinturón　サンダル sandalias
ブーツ botas　スニーカー zapatillas de deporte　靴 zapatos
〈ひさしのある〉帽子 gorra　〈つばのある〉帽子 sombrero　傘 paraguas
日傘 sombrilla [parasol]　メガネ gafas (中南米 anteojos)　サングラス gafas de sol
コンタクトレンズ lentillas [lentes de contacto]　ネクタイ corbata　手袋 guantes
マフラー bufanda　ハンカチ pañuelo　指輪 anillo [sortija]　ネックレス collar
ブレスレット pulsera [brazalete]　イヤリング pendientes [aretes]　かばん bolsa
リュック mochila　スーツケース maleta　携帯電話 móvil (中南米 celular)　鍵 llave
キーホルダー llavero　時計 reloj　財布 cartera [billetera]

㊲ スポーツ　Los deportes

スポーツ deporte　サッカー fútbol　野球 béisbol　バスケット baloncesto
ハンドボール balonmano　バレーボール balonvolea (南米 vóleibol)　水泳 natación
スキー esquí　卓球 tenis de mesa [ping pong]　バトミントン bádminton
マラソン maratón　新体操 gimnasia deportiva　ゴルフ golf　テニス tenis
フィギュアスケート patinaje artístico　柔道 judo　合気道 aikido　剣道 kendo
空手 kárate　相撲 sumo　レスリング lucha libre　弓道 tiro con arco japonés
武術 artes marciales　国技 deporte nacional　オリンピック Olimpiadas
パラリンピック Juegos Paralímpicos

㊳ 学校　La educación

学校 escuela　保育園 guardería　幼稚園 jardín de infancia

小学校 escuela primaria [escuela elemental]　中学校 escuela secundaria [escuela media] 高校 instituto [escuela superior]　専門学校 escuela especializada

短期大学 universidad para carreras de dos años　大学 universidad

大学生 universitario/ria　大学院 posgrado　大学院生 posgraduado/da

学部 facultad　学科 departamento　法律 derecho　経済 economía

商学 ciencias comerciales　文学 literatura　イスパニア語学 lingüística hispánica

史学 historia　地理学 geografía　哲学 filosofía　心理学 psicología

社会学 sociología　文献学・言語研究 filología　新聞学 periodismo　農学 agronomía

獣医学 veterinaria　教育学 pedagogía　音楽理論 musicología　美術 bellas artes

絵画 pintura　彫刻 escultura　体育 educación física　家政学 economía doméstica

数学 matemáticas　科学 ciencias　物理学 física　原子物理学 física nuclear

化学 química　生物 biología　地学 geología　天文学 astronomía

海洋学 oceanografía　工学 ingeniería　土木工学 ingeniería civil　観光学 turismo

建築学 arquitectura　機械工学 ingeniería mecánica　電気工学 ingeniería eléctrica

電子工学 electrónica　情報科学 informática　社会福祉 asistencia social

看護学 enfermería　医学 medicina　歯科学 odontología　薬学 farmacia

¿Cuál es tu especialidad? — Mi especialidad es filología.

㊴ 星座　Los signos del zodíaco

星座 signo del zodíaco　牡羊座 aries　牡牛座 tauro　双子座 géminis

蟹座 cáncer　獅子座 leo　乙女座 virgo　天秤座 libra　さそり座 escorpio

射手座 sagitario　山羊座 capricornio　水瓶座 acuario　魚座 piscis

¿Cuál es tu signo del zodíaco? — Soy de leo.

㊵ 十二支　Los signos del horóscopo chino

十二支 horóscopo chino　子 ratón　丑 buey　寅 tigre　卯 conejo　辰 dragón

巳 serpiente　午 caballo　未 oveja　申 mono　酉 gallo　戌 perro　亥 jabalí

厄年 año nefasto　お祓い purificación　お守り talismán [amuleto]

お参り ir a rezar en (a) un templo　おみくじ papel de la fortuna

¿Cuál es tu signo del horóscopo chino? — Soy del año de la oveja.

規則動詞活用表						
	直・現在	直・点過去	直・線過去	直・未来	直・過去未来	接・現在
1. hablar 話す hablando hablado habla hablad	hablo hablas habla hablamos habláis hablan	hablé hablaste habló hablamos hablasteis hablaron	hablaba hablabas hablaba hablábamos hablabais hablaban	hablaré hablarás hablará hablaremos hablaréis hablarán	hablaría hablarías hablaría hablaríamos hablaríais hablarían	hable hables hable hablemos habléis hablen
2. comer 食べる comiendo comido come comed	como comes come comemos coméis comen	comí comiste comió comimos comisteis comieron	comía comías comía comíamos comíais comían	comeré comerás comerá comeremos comeréis comerán	comería comerías comería comeríamos comeríais comerían	coma comas coma comamos comáis coman
3. vivir 住む viviendo vivido vive vivid	vivo vives vive vivimos vivís viven	viví viviste vivió vivimos vivisteis vivieron	vivía vivías vivía vivíamos vivíais vivían	viviré vivirás vivirá viviremos viviréis vivirán	viviría vivirías viviría viviríamos viviríais vivirían	viva vivas viva vivamos viváis vivan

Ejemplos: -ar 動詞

1) Yo canto en español con mis amigos.
2) Mi padre enseñaba inglés en la universidad.
3) Tú trabajaste muchos años en Tokio.
4) Vosotros compraréis un coche el próximo año.
5) Él hablaría en público si tuviera más confianza en sí mismo.
6) Nunca serás un buen cantante, a menos que practiques más.

Ejemplos: -er 動詞

1) Nosotros comemos arroz dos veces al día.
2) Mario leía libros en inglés cuando era niño.
3) Hace dos años, yo corrí la maratón de Naha.
4) Ellos aprenderán a cocinar en Francia.
5) Ella comprendería muy poco de español cuando viajó a Cuba.
6) No te dejaré jugar a los videojuegos, a menos que comas toda la comida.

Ejemplos: -ir 動詞

1) Tu amiga Carolina escribe japonés muy bien.
2) Hace 20 años, Patricia y yo vivíamos en Argentina.
3) Yo abrí una botella de vino en la fiesta.
4) Michiko partirá hacia España la próxima semana.
5) Ellos vivirían felices si no tuvieran tantos problemas económicos.
6) Él no estará tranquilo, a menos que reciba una buena pensión por jubilación.

不規則動詞活用表

	直・現在	直・点過去	直・線過去	直・未来	直・過去未来	接・現在
1. ser 〜である siendo sido sé sed	soy eres es somos sois son	fui fuiste fue fuimos fuisteis fueron	era eras era éramos erais eran	seré serás será seremos seréis serán	sería serías sería seríamos seríais serían	sea seas sea seamos seáis sean
2. estar 〜である 〜にいる estando estado está estad	estoy estás está estamos estáis están	estuve estuviste estuvo estuvimos estuvisteis estuvieron	estaba estabas estaba estábamos estabais estaban	estaré estarás estará estaremos estaréis estarán	estaría estarías estaría estaríamos estaríais estarían	esté estés esté estemos estéis estén
3. conocer 知る conociendo conocido conoce conoced	conozco conoces conoce conocemos conocéis conocen	conocí conociste conoció conocimos conocisteis conocieron	conocía conocías conocía conocíamos conocíais conocían	conoceré conocerás conocerá conoceremos conoceréis conocerán	conocería conocerías conocería conoceríamos conoceríais conocerían	conozca conozcas conozca conozcamos conozcáis conozcan
4. dar 与える dando dado da dad	doy das da damos dais dan	di diste dio dimos disteis dieron	daba dabas daba dábamos dabais daban	daré darás dará daremos daréis darán	daría darías daría daríamos daríais darían	dé des dé demos deis den
5. decir 言う diciendo dicho di decid	digo dices dice decimos decís dicen	dije dijiste dijo dijimos dijisteis dijeron	decía decías decía decíamos decíais decían	diré dirás dirá diremos diréis dirán	diría dirías diría diríamos diríais dirían	diga digas diga digamos digáis digan
6. dormir 寝る durmiendo dormido duerme dormid	duermo duermes duerme dormimos dormís duermen	dormí dormiste durmió dormimos dormisteis durmieron	dormía dormías dormía dormíamos dormíais dormían	dormiré dormirás dormirá dormiremos dormiréis dormirán	dormiría dormirías dormiría dormiríamos dormiríais dormirían	duerma duermas duerma durmamos durmáis duerman

不規則動詞活用表

	直・現在	直・点過去	直・線過去	直・未来	直・過去未来	接・現在
7. haber ～がある habiendo habido he habed	he has ha (hay) hemos habéis han	hube hubiste hubo hubimos hubisteis hubieron	había habías había habíamos habíais habían	habré habrás habrá habremos habréis habrán	habría habrías habría habríamos habríais habrían	haya hayas haya hayamos hayáis hayan
8. hacer する、作る haciendo hecho haz haced	hago haces hace hacemos hacéis hacen	hice hiciste hizo hicimos hicisteis hicieron	hacía hacías hacía hacíamos hacíais hacían	haré harás hará haremos haréis harán	haría harías haría haríamos haríais harían	haga hagas haga hagamos hagáis hagan
9. ir 行く yendo ido ve id	voy vas va vamos vais van	fui fuiste fue fuimos fuisteis fueron	iba ibas iba íbamos ibais iban	iré irás irá iremos iréis irán	iría irías iría iríamos iríais irían	vaya vayas vaya vayamos vayáis vayan
10. jugar 遊ぶ jugando jugado juega jugad	juego juegas juega jugamos jugáis juegan	jugué jugaste jugó jugamos jugasteis jugaron	jugaba jugabas jugaba jugábamos jugabais jugaban	jugaré jugarás jugará jugaremos jugaréis jugarán	jugaría jugarías jugaría jugaríamos jugaríais jugarían	juegue juegues juegue juguemos juguéis jueguen
11. oír 聞く oyendo oído oye oíd	oigo oyes oye oímos oís oyen	oí oíste oyó oímos oísteis oyeron	oía oías oía oíamos oíais oían	oiré oirás oirá oiremos oiréis oirán	oiría oirías oiría oiríamos oiríais oirían	oiga oigas oiga oigamos oigáis oigan
12. pedir 頼む pidiendo pedido pide pedid	pido pides pide pedimos pedís piden	pedí pediste pidió pedimos pedisteis pidieron	pedía pedías pedía pedíamos pedíais pedían	pediré pedirás pedirá pediremos pediréis pedirán	pediría pedirías pediría pediríamos pediríais pedirían	pida pidas pida pidamos pidáis pidan

不規則動詞活用表

	直・現在	直・点過去	直・線過去	直・未来	直・過去未来	接・現在
13. poder 〜できる pudiendo podido puede poded	puedo puedes puede podemos podéis pueden	pude pudiste pudo pudimos pudisteis pudieron	podía podías podía podíamos podíais podían	podré podrás podrá podremos podréis podrán	podría podrías podría podríamos podríais podrían	pueda puedas pueda podamos podáis puedan
14. poner 置く poniendo puesto pon poned	pongo pones pone ponemos ponéis ponen	puse pusiste puso pusimos pusisteis pusieron	ponía ponías ponía poníamos poníais ponían	pondré pondrás pondrá pondremos pondréis pondrán	pondría pondrías pondría pondríamos pondríais pondrían	ponga pongas ponga pongamos pongáis pongan
15. querer 欲する queriendo querido quiere quered	quiero quieres quiere queremos queréis quieren	quise quisiste quiso quisimos quisisteis quisieron	quería querías quería queríamos queríais querían	querré querrás querrá querremos querréis querrán	querría querrías querría querríamos querríais querrían	quiera quieras quiera queramos queráis quieran
16. saber 知る sabiendo sabido sabe sabed	sé sabes sabe sabemos sabéis saben	supe supiste supo supimos supisteis supieron	sabía sabías sabía sabíamos sabíais sabían	sabré sabrás sabrá sabremos sabréis sabrán	sabría sabrías sabría sabríamos sabríais sabrían	sepa sepas sepa sepamos sepáis sepan
17. salir 出る saliendo salido sal salid	salgo sales sale salimos salís salen	salí saliste salió salimos salisteis salieron	salía salías salía salíamos salíais salían	saldré saldrás saldrá saldremos saldréis saldrán	saldría saldrías saldría saldríamos saldríais saldrían	salga salgas salga salgamos salgáis salgan
18. sentir 感じる、 残念に思う sintiendo sentido siente sentid	siento sientes siente sentimos sentís sienten	sentí sentiste sintió sentimos sentisteis sintieron	sentía sentías sentía sentíamos sentíais sentían	sentiré sentirás sentirá sentiremos sentiréis sentirán	sentiría sentirías sentiría sentiríamos sentiríais sentirían	sienta sientas sienta sintamos sintáis sientan

不規則動詞活用表						
	直・現在	直・点過去	直・線過去	直・未来	直・過去未来	接・現在
19. tener 持つ teniendo tenido ten tened	tengo tienes tiene tenemos tenéis tienen	tuve tuviste tuvo tuvimos tuvisteis tuvieron	tenía tenías tenía teníamos teníais tenían	tendré tendrás tendrá tendremos tendréis tendrán	tendría tendrías tendría tendríamos tendríais tendrían	tenga tengas tenga tengamos tengáis tengan
20. traer 持ってくる trayendo traído trae traed	traigo traes trae traemos traéis traen	traje trajiste trajo trajimos trajisteis trajeron	traía traías traía traíamos traíais traían	traeré traerás traerá traeremos traeréis traerán	traería traerías traería traeríamos traeríais traerían	traiga traigas traiga traigamos traigáis traigan
21. venir 来る viniendo venido ven venid	vengo vienes viene venimos venís vienen	vine viniste vino vinimos vinisteis vinieron	venía venías venía veníamos veníais venían	vendré vendrás vendrá vendremos vendréis vendrán	vendría vendrías vendría vendríamos vendríais vendrían	venga vengas venga vengamos vengáis vengan
22. ver 見る viendo visto ve ved	veo ves ve vemos veis ven	vi viste vio vimos visteis vieron	veía veías veía veíamos veíais veían	veré verás verá veremos veréis verán	vería verías vería veríamos veríais verían	vea veas vea veamos veáis vean

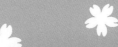

¡Dilo en español!

81

① ¿Qué es el *dango*?

Es un dulce. Es una bola pequeña de harina de arroz amasado.
団子は、米粉を練って小さく丸めたお菓子です。

② ¿Qué es el sake (saki)?

Es una bebida alcohólica japonesa. Se hace con arroz fermentado.
日本酒は、米を発酵させて造った酒です。

③ ¿Qué es el *tempura*?

Es un plato de fritos de mariscos y verduras previamente rebozados.
Dicen que su nombre viene del español "templo".
てんぷらは、魚介類や野菜に、衣をつけて油で揚げた料理です。
語源*はスペイン語の "templo（寺院）" とも言われています。

* 語源については諸説あります。

④ ¿Qué es el *sashimi*?

Es un plato de pescados crudos y mariscos. Al comer, se empapa
en una salsa de soja con un poco de rábano picante japonés
(*wasabi*).
刺身は、生の魚介類を、ワサビ醤油につけて食べるものです。

82

⑤ ¿Qué es el sushi?

Es un plato de pequeños bocaditos de arroz cocido con vinagre.
Lleva encima pescados crudos y mariscos.
寿司は、一口で食べられる大きさの酢飯に生の魚介類を乗せた料理です。

⑥ ¿Qué es el *tofu* (queso de soja)?

Es la soja cuajada. Es blanca y blanda, también es rica en proteí-
nas. Se utiliza en platos tanto fríos como calientes.
豆腐は、豆乳を固めて作ったものです。白くて軟らかく、蛋白質も多いです。
冷やしたり、温めたりして様々な料理に使われます。

⑦ ¿Qué es el *sukiyaki*?

Es un tipo de cocido. Los ingredientes son carne de ternera
cortada finamente, puerro, setas, *tofu*, etc. En una olla se echan
los ingredientes y se cuecen lentamente. El caldo para su
preparación está hecho a base de salsa de soja y azúcar.
すき焼きは、薄切りの牛肉、葱、キノコ、豆腐などを鍋に入れて煮た
料理です。味付けの基本は、醤油と砂糖です。

Navidades en España

Normalmente los españoles pasan las Navidades en familia. Las celebraciones de Navidad comienzan a celebrarse desde el día 22 de diciembre por la mañana con el sorteo del Gordo de Navidad de la Lotería Nacional, y terminan el 6 de enero con la festividad de los Reyes Magos. En las últimas décadas, durante el periodo de celebraciones se suele colocar en las casas el árbol de Navidad, pero tradicionalmente

El belén en Sevilla（セビージャのキリスト降誕のフィギュア）

se colocaba el belén. Hoy en día, en muchos hogares españoles conviven ambas tradiciones.

La noche del día 24 se celebra la Nochebuena, una fiesta esencialmente familiar en la que toda

Dulces de Navidad（クリスマスのお菓子）

la familia se reúne en las casas de los padres y abuelos. Esta cena siempre se celebra tras el tradicional discurso anual del Rey de España. Es una noche muy especial y tradicional que se vive en el calor de los hogares.

El día 25, Navidad, es el más importante y emotivo. Para la Navidad, es usual que se gaste bastante dinero en la compra de alimentos típicamente navideños como mariscos, pescados, pavo, cordero, cava, mazapanes, turrones, etc.

El 28 se celebra el "Día de los Santos Inocentes". Ese día se suelen hacer bromas como en el "April Fool"; se coloca un monigote blanco en la espalda y en los medios de comunicación se muestran noticias llamadas "bromas de los santos inocentes", también conocidas como "inocentadas". Durante el día 31 de diciembre se prepara la cena de Nochevieja, que se suele celebrar en familia. A las 12:00 de la noche de este día, se despide el año mientras se retrasmiten en televisión las 12 campanadas, normalmente desde el reloj de la Puerta del Sol de Madrid. En este momento, se comen 12 uvas, una por cada campanada. Tras "Las Campanadas", los jóvenes suelen salir a celebrar la llegada del año nuevo con sus amigos hasta altas horas de la mañana.

En el amanecer del 1 de enero, el "Día de Año Nuevo", se toma chocolate con churros o sopas de ajo en bares y cafeterías después de haber pasado una noche muy entrañable y muy larga.

Por la tarde del día 5, hay una gran cabalgata de los Reyes Magos (Melchor, Gaspar y Baltasar) en todas las ciudades y pueblos grandes a la que suelen acudir los niños que esperan a que esa noche los reyes pasen por sus casas. Esa noche la familia cena temprano. Los niños colocan sus zapatos cerca de la ventana o debajo del árbol de navidad y también algunos alimentos para los reyes, sus pajes y sus camellos. Los niños se acuestan temprano porque han de estar dormidos cuando lleguen los reyes por la noche. Si han sido buenos durante el año recibirán los regalos que han pedido, si no lo han sido, recibirán carbón, que es un tipo de dulce. El día 6, se sirve para merendar "Roscón de reyes", el cual tiene en su interior sorpresas: unas figuritas de santos y abalorios. Es tradición que a quien le sale la figurita en su porción de "Roscón de Reyes" deba comprar el próximo año el siguiente roscón para invitar a la familia o amigos.

Navidades en Sudamérica

El árbol de Navidad（クリスマスツリー）

En Argentina y Perú, las celebraciones de Navidad y Año Nuevo, generalmente comienzan el 8 de diciembre, "Día de la Inmaculada Concepción", y finalizan el 6 de enero en el "Día de los Reyes Magos". Durante este periodo se colocan el árbol de Navidad, las tarjetas de Navidad recibidas y el Pesebre.

Por su situación geográfica, en los países sudamericanos las fiestas son en pleno verano. Sin embargo, en estos países podemos ver a Papa Noel vestido con su típico traje rojo de invierno y su larga barba blanca. Además, por ser países donde llegaron muchos inmigrantes europeos, se conservan muchas de las costumbres europeas especialmente de España e Italia. En consecuencia, a pesar de las altas temperaturas, se sirven platos calientes como carne, lechón asado o pavo al horno pero acompañados con ensalada rusa y de postre, helados o ensalada de fruta. En Perú se sirve panetón y una taza de chocolate caliente. En cambio en Argentina el pan dulce, los turrones, las almendras y la sidra son infaltables en la mesa navideña.

En Nochebuena, las familias se reúnen en las casas para cenar todos juntos y luego esperan la medianoche para brindar con sidra o champán. Muchos cenan en el jardín de sus casas y a esa misma hora en las calles se escuchan los ruidosos cohetes. Luego siguen comiendo y bebiendo hasta muy tarde. Algunos van a la iglesia para escuchar la Misa de Gallo por la noche. El 25 de diciembre, para el almuerzo se suele servir los restos de la cena para luego pasar un día tranquilo en familia.

El 28 es el "Día de los Santos Inocentes". Como en España muchos hacen bromas a sus amigos. Hay que tener cuidado de no ser engañado por alguna broma.

Sidra y pan dulce（シードルとパネトン）

Normalmente se trabaja hasta el 31 al mediodía. En las oficinas antes de finalizar se reúnen los compañeros y brindan por las fiestas y dándose besos y abrazos se desean un muy buen año. En las grandes ciudades de Argentina, luego tiran por las ventanas papeles que ya no usan. En la Nochevieja se cena con la familia y al llegar la medianoche se escuchan los ruidos de los cohetes y hay algunos fuegos artificiales. Los jóvenes, luego de brindar se reúnen con los amigos para ir a bailar hasta el amanecer del día siguiente. El día 2 se comienza a trabajar. Los niños están en las vacaciones de verano.

El día 5 por la noche los niños se duermen temprano para esperar que los tres Reyes Magos les traigan sus regalos. En Argentina, además de la carta con el pedido, dejan delante de la puerta sus zapatos, un poco de pasto y agua para darle a los camellos que vienen junto con los Reyes Magos. El día 6, "Día de los Reyes Magos", los niños se levantan temprano y van a ver si les han dejado sus juguetes.

Ese mismo día se come un pan dulce llamado "Roscón de Reyes Magos". Por la tarde se desarma y se guardan el árbol de Navidad y sus adornos. De esta manera finalizan los festejos de la Navidad y el Año Nuevo.

Tirada de papelitos（紙舞）

Navidades en México

En México las celebraciones de Navidad, comienzan el 16 de diciembre y durante 9 noches celebran "Las posadas". Posada, es un lugar para alojarse y representan los días que pasaron José y María en busca de un lugar donde pudiera nacer el niño Jesús. Se realizan procesiones llevando estatuillas que representan a José, María, los pastores, las ovejas, etc. y marchan cantando. Van casa por casa en busca de un lugar para hospedarse. Cuando alguien les ofrece su casa, todos entran y dejan las estatuillas que representan el nacimiento del niño Jesús. Luego

comienza la fiesta, en donde los niños esperan con muchas ansias romper la piñata. La piñata es un adorno que está rellenado con dulces y frutas y se cuelga para que los niños con los ojos vendados traten de romperla. Los niños se abalanzan para recoger los dulces y frutas que caen de la piñata rota.

Piñata（ピニャータ割り）

92

Mensajes para las tarjetas de Navidad

¡Felíz Navidad! y ¡Próspero Año Nuevo!

Querida Erika:

Te deseo a ti y a tu familia muchas felicidades para estas fiestas.

Besos,
Diego

93~98

Fin y comienzo del año en Japón

En Japón se hacen diferentes actividades para celebrar la noche vieja. Dos de las costumbres típicas para celebrar estas fechas son comer una sopa de fideos de trigo de alforfón (*toshi-koshi-soba*) y escuchar las 108 campanadas del templo (*joya-no-kane*) alrededor de las 12 de la noche. El comer la sopa de fideos de trigo de alforfón (*toshi-koshi-soba*) significa reafirmar el deseo para el próximo año de una vida prolífera, sana y larga. Una vida tan larga como los fideos de trigo de alforfón. Y las 108 campanadas del templo representan las 108 bajas pasiones que dominan al ser humano. En resumen, en la noche vieja se come la sopa de fideos de trigo de

Bandeja con comidas típicas del Año Nuevo（おせち料理）

alforfón y se escuchan las campanadas como preparativos para pedir y recibir un buen año nuevo.

Al conjunto de las celebraciones del 1 al 3 de enero en Japón se les llama *oshogatsu*. Se adornan los portales de diversos lugares con un pino ornamental (*kadomatsu*) para recibir a los dioses buenos. Y además en los portales se adorna con una cuerda enrollada ornamental (*shimenawa*) para ahuyentar a los malos espíritus.

Esta celebración se suele acompañar con el *osechi-ryouri* que son bandejas apiladas con varias comidas típicas japonesas que se conservan bastante bien sin refrigeración. Las comidas de la bandeja se apilan con el fin de celebrar la felicidad. El apilar las comidas tiene varios significados. Por ejemplo la legumbre negra (*kuro-mame*) significa "trabajar seria y honestamente", además de significar "salud". Otro ejemplo interesante es el de las gambas que significa vivir largamente hasta que se nos doble la espalda por la edad, además el rojo representa el color para ahuyentar a los malos espíritus. El puré de castaña (kinton) por su color dorado significa buen augurio para obtener fortuna y riqueza.

Primera visita al templo （初詣）

En esta época mucha gente va a los templos para pedir por un buen año y paz. A esta actividad se le llama la primera visita al templo o *hatsumode*. Se calcula que todos los años unos 3 000 000 de personas concurren al templo Meiji-jingu en Tokio para el *hatsumode*.

La tarjeta de saludo de comienzo de año (*nengajo*) es un tipo de postal que se envía como saludo de comienzo del año en Japón. El diseño de esta tarjeta generalmente está adornado por alguno de los animales del calendario zodiacal chino, el barco de la fortuna, o bien los 7 dioses de la fortuna. También se suele adornar con dibujos de las flores del ciruelo que representan a la primavera.

A los niños les encantan estas fechas porque reciben una propina de parte de los adultos (*otoshidama*). Los juegos tradicionales de estas fechas son para los niños el volar cometas y jugar al trompo; para las niñas se juega el *hanetsuki*. Este juego tiene como herramienta una paleta (*hagoita*) con la que se le pega a un volante.

Esta es la manera de pasar y disfrutar el fin y el comienzo del año nuevo en Japón. Cada región tiene diferentes costumbres, pero en la actualidad esas costumbres poco a poco se van perdiendo.

cometa （凧）

7 料理のレシピ

1. ディエゴのチュロス（Churros de Diego）

1/2 taza de agua

1/2 taza de leche

1 taza de harina

2 cucharadas de aceite

1/2 cucharita de sal

Ralladura de limón o esencia de vainilla a gusto

Azúcar

Aceite para freír

Preparación:

① Poner a hervir en una cacerola el agua, la leche, el aceite, la sal y la ralladura de limón o esencia de vainilla.

② Agregar a lo anterior la harina.

③ Revolver enérgicamente hasta formar una masa homogénea.

④ Retirar del fuego y poner la masa en una churrera aceitada.

⑤ Cortar los churros en el tamaño que desees.

⑥ Freír los churros en aceite abundante hasta que se doren.

⑦ Retirar los churros del fuego y espolvorearlos con azúcar a gusto.

①
②
③
④

⑤
⑥

2. ディエゴのエンパナーダス（Empanadas de Diego）

A) Para la masa de las tapas:	B) Para el relleno:
1 kg de harina	400 g de carne picada
120 g de margarina	3 ó 4 dientes de ajo
1 taza de agua tibia	1 cebolla picada
Un poco de sal	300 g vegetales mixtos
	Sal o pimienta a gusto
	Un poco de orégano
	Un poco de aceite

Preparación de la masa de las tapas:

① y ②　　　③ y ④　　　⑤ y ⑥

① Colocar la harina en un bol.
② Colocar en el centro la margarina y la sal.
③ Mezclar y unir bien los ingredientes.
④ Echar el agua de a poco.
⑤ Formar una masa.
⑥ Hacer descansar un poco.

Preparación del relleno:

①　　　②　　　③　　　④ y ⑤　　　⑥

① Colocar en una sartén un poco de aceite.
② Saltear los ajos y las cebollas.
③ Agregar la carne picada y echar la sal y la pimienta a gusto.
④ Agregar los vegetales mixtos.
⑤ Echar el orégano.
⑥ Mezclar bien todo y apagar el fuego.

Para rellenar:

①　　　②　　　③　　　　　　　　　　　　　　　　④

① Estirar con un palo.
② Cortar la masa en forma redonda.
③ Rellenar y cerrar la tapa con un tenedor.
④ Freír.

3. エリカのふとまき （*Futomaki* de Erika）

500 g de arroz

120 ml de *sushi-su* (vinagre para sushi)

6 láminas de *nori* (algas marinas secas)

Cantidad al gusto de cáscaras de calabacín japonés hervidas

Cantidad a gusto de setas japonesas hervidas

Cantidad al gusto de tortilla de huevo cortado en forma longitudinal

Cantidad al gusto de pepinos cortados longitudinalmente

Cantidad al gusto de *nozawana* (verduras en salmuera)

① Agregar el vinagre de arroz al arroz caliente.

② Enfriar el arroz con un abanico.

③ Colocar sobre el *makisu* (la esterilla de bambú) una lámina de *nori*, y luego encima el arroz (Foto 1)

④ En el ③ colocar todos los otros ingredientes sobre el arroz extendido en el *makisu*. (Foto 2)

⑤ Enrollar con el *makisu* presionando firmemente hacia adelante y hacia atrás. (Foto 3)

⑥ Desenrollar el *makisu* y cortar el rollo de *futomaki* en un tamaño adecuado. (Foto 4)

①

②

③

④

(comida preparada por Masae Ikeda)

4. エリカの照り焼きチキン（Pollo en salsa *Teriyaki* de Erika）

Ingredientes (para 1 porción):

1 muslo de pollo
1 cucharada de salsa de soja
1 cucharada de azúcar
1 cucharada de sake
1 cucharada de *mirin* (sake dulce)
Un poco de aceite

Preparación:

① Calentar el aceite en una sartén y cocinar el muslo de pollo por la parte de la piel.

② Cuando esté dorado, darle vuelta y cocinar la otra parte hasta que esté dorada.

③ Echar la salsa de soja, el azúcar, el sake y el vinagre de arroz una vez que la carne de pollo esté cocinada.

①
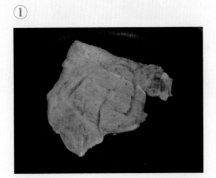

②
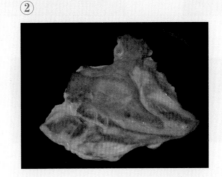

③
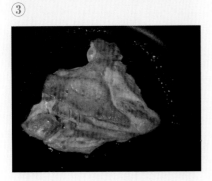

(comida preparada por Masae Ikeda)

5. ゴーヤーチャンプルー（*Goya-chanpuru*）：沖縄の郷土料理

Ingredientes (para 2 personas):

1 goya (pepino amargo)

100 g de *tofu* (queso de soja)

1/2 lata de fiambre enlatado hecho con carne de cerdo
   ó carne de cerdo cortado fino

Salsa de soja a gusto

Una pizca de sal

Aceite cantidad para saltear

1 huevo batido

Preparación:

①

②

③

④

⑤

⑥

⑦

⑧

① Cortar el goya en forma longitudinal.

② Con una cuchara quitarle las semillas.

③ Cortar el goya finamente.

④ Freír en la sartén el queso de soja.

⑤ Echar a la sartén la carne de cerdo y saltear. (Cuando el queso de soja esté dorado)

⑥ Agregar al goya y saltear todo junto.

⑦ Echar lentamente el huevo batido y agregar la salsa de soja.

⑧ Mezclar todo bien unos minutos más y servir.

6. おっきりこみ（*Okkirikomi*）：群馬の郷土料理

Ingredientes (para 2 personas):

70 g de harina de trigo

Un poco de sal

40 ml de agua

50 g de nabo

50 g de *sato-imo* (colocacia)

20 g de zanahoria

20 g gobo (llamado bardana o lampazo)

2 setas japonesas

40 g de carne de cerdo

3 tazas de caldo

1 cucharada de salsa de soja

Un poco de puerro (cebolla china)

Preparación:

① Agregar sal y agua a la harina, y amasar. Hacer una bola y envolverla con film transparente. Reposar la masa unos 30 minutos.

② Estirar la masa con un palo de amasar, y luego cortarla en tiras de unos 2 cm de espesor.

③ Cortar las verduras y la carne de cerdo de un tamaño adecuado y hervirlos en el caldo.

④ Agregar la salsa de soja y la pasta cuando las verduras y la carne de cerdo estén cocidas (blandas). Hervir todo unos 6 a 7 minutos.

①
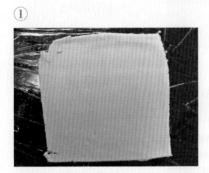

②
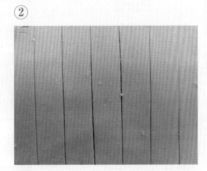

③

④

(comida preparada por Masae Ikeda)

101

8 スペイン語圏の国旗と首都

1 México
(Ciudad de México)

2 Guatemala
(Guatelama)

3 Honduras
(Tegucigalpa)

4 El Salvador
(San Salvador)

5 Nicaragua
(Managua)

6 Costa Rica
(San José)

7 Panamá
(Panamá)

8 Cuba
(La Habana)

9 República
Dominicana
(Santo Domingo)

10 Colombia
(Bogotá)

11 Venezuela
(Caracas)

12 Ecuador
(Quito)

13 Perú
(Lima)

14 Bolivia
(Sucre - La Paz)

15 Paraguay
(Asunción)

16 Chile
(Santiago)

17 Argentina
(Buenos Aires)

18 Uruguay
(Montevideo)

19 España
(Madrid)

20 Guinea Ecuatorial
(Malabo)

21 Puerto Rico
(San Juan)

¡Buena suerte!

ディエゴと日本再発見！－初級スペイン語－
新版

検印
省略

© 2013年 1月 30日　　初版発行
　 2019年 1月 30日　　第6版発行
　 2020年 1月 30日　　改訂初版発行
　 2021年 1月 30日　　第3刷発行

著　者　　　　　　尚　真貴子
　　　　　　　　　福地　恭子
　　　　　　　小波津　フェルナンド
　　　　　　　又吉　パトリシア
　　　　　　　上地　リリア

発行者　　　　　　原　雅久
発行所　　　　株式会社　朝日出版社
　　　　101-0065　東京都千代田区西神田3-3-5
　　　　　　電話　03-3239-0271/72
　　　　　　振替口座　00140-2-46008
　　　　　　http://www.asahipress.com/
　　　組版　クロス・コンサルティング／印刷　図書印刷

朝日出版社 | スペイン語一般書籍のご案内

GIDE（スペイン語教育研究会）語彙研究班　編

!スペ単! ―頻度で選んだスペイン語単語集（練習問題つき）―

◆様々なスペイン語の初級学習書を分析・解析。
◆学習者が最も必要とする語彙を抽出、文法項目と関連付けて提示。
◆各項目ごとに理解と運用を助ける練習問題を配備。
◆文法項目と語彙グループを結び付けて紹介。
◆豊富な練習問題と読み物資料ページでしっかり楽しく学べる。
◆多角的に語彙を覚えられる意味別・品詞別語彙リスト、単語の意味もついた詳細なさくいんつき。
◆初めてスペイン語を学ぶ人から、指導する立場の人まで幅広く活用できる一冊。

●A5判　●本編13章＋読み物資料＋巻末語彙集＋さくいん　●各項練習問題つき　●のべ5200語
●264p　●2色刷　本体価格2200円+税（000371）

福嶌教隆　著
スペイン語圏4億万人と話せる

くらべて学ぶスペイン語 改訂版 DVD+CD付
―入門者から「再」入門者まで―

◆スペインのスペイン語とラテンアメリカのスペイン語をくらべて、並行してどちらも学べます。
◆全くの初歩からスペイン語を学ぶ人（入門者）も、一通りの知識のある人（「再」入門者）も活用できるよう編集されています。
◆スペイン語圏各地のネイティブの吹込者によるCDや、スペインの美しい映像をおさめたDVD（スペイン語ナレーション付）が添付されています。
◆スペイン語を話すどの場所に行っても、この1冊で充分話し切れること間違いなしです！

●A5判　●15課　●144p　●さし絵多数　●DVD+CD付　●2色刷
本体価格2400円+税（000552）

高橋覚二・伊藤ゆかり・古川亜矢　著

とことんドリル! スペイン語 文法項目別

◆文法事項を確認しながら、一つずつ確実なステップアップ　◆多様な話題のコラムも楽しい♪
◆全27章で、各章は3ページ【基礎】＋1ページ【レベルアップ】で構成
◆スペイン語のことわざをイラストで紹介
◆スペイン語技能検定試験4、5、6級の文法事項がチェックできる！
◆ふと頭に浮かぶような疑問も学習者の目線で丁寧に解説
◆復習問題でヒントを見ながら実力試せる

●B5判　●27章＋解答例・解説　●200p　●2色刷
本体価格2300円+税（000747）

西川 喬

ゆっくり学ぶスペイン語 CD付

◆本書はスペイン語を「ゆっくり学ぶ」ための本です。
◆初めて学ぶ人はもちろんのこと、基礎的な知識を整理したい人にも最適です。
◆各課文法別に段階的に進みます。やさしい文法要素から順を追って知識が増やせるように配置しています。
◆各課には「ちょっとレベルアップ」のページがあります。少し知識のある方は、ぜひこのページに挑戦してください。

◆各課の最後に練習問題があります。自分で解いて、巻末の解答で確かめましょう。
◆再挑戦の方向けに、31,32課で「冠詞」と「時制」を扱っています。ぜひ熟読してください。
◆それでは本書で、「ゆっくりと」スペイン語を楽しんで行きましょう。

●A5判　●32課　●264p　●さし絵多数　●2色刷　●CD付　本体価格2900円+税（001081）

（株）朝日出版社

〒101-0065　東京都千代田区西神田3-3-5
TEL:03-3263-3321　FAX:03-5226-9599
http://www.asahipress.com/